삶은 덜어낼수록 더 단단해진다

삶은
덜어낼수록　　　더 단단해진다

이길환 지음

필름

노자의 『도덕경』이란?

노자가 지은 책으로 약 5,000자, 81장(상편 37장, 하편 44장)으로 되어 있다. 상편의 '도가도비상도(道可道非常道)'의 '도(道)'와 하편의 '상덕부덕(上德不德)'의 '덕(德)'을 합하여 『도덕경』이라고 이름 붙여졌다. 한편, 『도덕경』에 쓰인 문체·용어의 통일성이 부족하다는 이유를 들어 후대에 여러 명이 내용을 추가했다는 주장이 있다. 그럼에도 무위자연(無爲自然), 상선약수(上善若水)의 가르침을 담은 『도덕경』은 시대를 초월해 많은 이들에게 깨달음을 주고 있다.

한편, 유네스코가 발표한 통계에 따르면 노자의 『도덕경』은 1980년대까지 다국어 문자로 번역 출판된 세계 문화저서 중 성경 다음으로 발행 부수가 많다고 한다.

프롤로그

하루가 다르게 변하는 세상은 수시로 우리의 몸과 마음을 지치게 합니다. 그런 압박감은 좀처럼 떨쳐내기가 쉽지 않습니다. 그래서 현실에 만족하지 못한 채 좀 더 나은 조건의 직장을 찾아 나서고, 어제보다 늘어난 체중에 부리나케 식단을 조절합니다. 또 새로 출시된 전자기기를 사기 위해 기꺼이 줄을 서고, 유행하는 취미를 즐기기 위해 부단히 노력합니다.

그런데 그런 것들에 몰두하는 자신의 모습은 과연 자연스러운 걸까요? 한때는 저도 그랬지만, 이제 저는 노자의 『도덕경』을 통해 새로운 삶을 꿈꾸고 있습니다. 바로 깨닫고, 낮아지고, 비워내며, 다시 채우는 삶입니다. 그렇다면 노자의 『도덕경』은 도대체 무엇일까요?

노자는 춘추 전국 시대 초나라 사람으로 도가의 창시자로 불립니다. 노자가 지었다고 전해지는 『도덕경』의 핵심 사상은 '인위를 가하지 않은 자연법칙을 따르는 것', 즉 무위자연(無爲自然)입니다.

그런데 내달리듯 살아가는 인생에서 억지힘을 빼라는 무위자연 사상은 자칫 현실에 안주하라고 종용하는 듯합니다. 하지만 타고난 본성을 깨닫고 있는 그대로의 자연스러움을 되찾는 일이야말로 온전히 성장할 수 있는 유일한 방법입니다.

사람은 자연스럽지 않은 일을 할 때 무리해서 힘을 쓰게 됩니다. 그리고 그런 일들이 계속되다 보면 몸과 마음에 부담감이 쌓여갑니다. 이 부담감은 점차 자기 능력을 발휘하는 데 걸림돌이 되어, 어느 순간부터 우리가 더 이상 앞으로 나아가지 못하게 합니다. 결국 인생에서 자연스러움이 사라지는 순간, 만족도 쉼도 없는 허울뿐인 삶을 살게 되는 것입니다.

> 광풍은 아침 한나절을 불지 못하고
> 소나기는 하루 종일 내리지 못한다.
> 누가 비바람을 일으키는가? 천지자연이다.
> 천지자연도 부자연스러운 일은 계속할 수가 없거늘,
> 하물며 사람의 일은 어찌하겠는가?
>
> 故飄風不終朝(고표풍부종조) 驟雨不終日(취우부종일)
> 孰爲此者天地(숙위차자천지) 天地尙不能久(천지상불능구)
> 而況於人乎(이황어인호)
>
> - 『도덕경』 제23장

노자는 몰아치는 광풍과 소나기도 하루를 가지 않는다고 말합니다. 흐름을 거스르는 부자연스러운 것은 오래 가지 못하는 법입니다. 그러니 평온한 일상을 유지하려면, 삶에 부자연스러운 것들을 덜어내야 합니다.

자연스러운 삶을 위해 가장 먼저 해야 할 일은 자신을 낮추는 일입니다. 노자는 상선약수(上善若水), 즉 "최고의 선(善)은 물과 같다"라고 했습니다. 물은 위에서 아래로 흘러 가장 낮은 곳에 머뭅니다. 물은 막히는 길을 만나면 에둘러 가거나, 잠시 고여 있다가 몸집을 키워 장애물을 넘습니다. 그렇게 물은 아래로, 아래로 흐릅니다.

물처럼 자신을 가장 낮은 곳에 두어야, 마음속에 과한 욕심을 덜어낼 수 있습니다. 만족을 모르는 삶은 남과 자신을 시도 때도 없이 비교하며 허상을 좇게 만듭니다. 그러다 결국 욕심은 욕망이 되어 일상에 부자연스러운 것이 넘쳐 나게 됩니다.

삶은 예측할 수 없는 것투성이이기에, 늘 불안합니다. 하지만 노자는 이런 불안한 삶을 조금 다르게 받아들입니다. 노자가 말하는 자연의 법칙을 받아들이면, 지금 불어닥친 광풍은 언젠가 순풍이 되리라는 것을 알게 됩니다. 그렇게 낮아지고 비워낸 마음에 희망을 채우면 됩니다.

정말 큰 사각형에는 모서리가 없다.

大方無隅(대방무우)

- 『도덕경』 제41장

    하나의 사각형을 무한히 넓게 확장하면 어떻게 될까요? 그러면 면과 모서리의 구분이 사라집니다. 반대로 어떤 문제에 매몰될수록 부드럽고 무딘 면이 날카로운 모서리로 변하게 됩니다. 문제를 만드는 이도, 그리고 그 문제를 날카롭게 벼리는 이도 결국 자신입니다.

    다시 눈앞의 일을 끝없이 확장해 봅시다. 그러자 날카로운 모서리는 사라지고 난제라고 여겨졌던 그 일도 그저 자연스러운 일이 됩니다.

    노자의 『도덕경』은 인생의 자연스러움을 되찾기 위한 노력입니다. 그 노력만큼은 무위가 아닌 애써 힘쓰는 과정입니다. 그렇게 삶에 자연스러움이 온전히 자리 잡아 진정한 무위의 삶을 살 수 있기를 바랍니다.

2025년 7월, 이길환

목차

프롤로그   6

1장. 깨달음을 위한 자세

이름을 버려야 진짜가 보인다   16
타고난 본성을 깨닫는 자가 현명하다   21
가장 자연스러운 순간이 곧 가장 적절한 때이다   26
흐름을 거스르지 않아야 힘이 덜 든다   31
약한 것이 강한 것을 이기기 위해선 흐름을 타야 한다   36
무위로 채우는 자연스러운 삶   41
변화는 받아들이면 다시 일어설 수 있다   46
인생에 휘몰아치는 비바람을 멈춰 세워라   51
들리지 않는 큰 소리를 들어야 한다   55

2장. 비움이 주는 자유

'채우는 즐거움' 못지않게 '비우는 즐거움'이 필요하다	62
바라는 마음은 비워내야 의미가 있다	66
열망의 화로대에는 단 하나의 장작만 넣어야 한다	70
애써 확장하지 않으려는 마음으로 세상을 넓혀간다	75
억지힘을 빼고 애써 잡지 않는다	79
진짜 화려함은 보이는 것이 아니다	83
이익을 좇는 마음은 아래로 전해진다	88
절대적 불행도, 절대적 행복도 없다	92
사심을 버릴 때 소중한 인연이 머문다	97

3장. 관계를 망치지 않는 마음의 기술

자신을 내세우지 않아야 앞서게 된다   104

올바른 비교로 자기모습을 잊어라   108

교만이라는 늪에서 헤어 나오는 방법   112

모른다는 생각이 배려심을 이끈다   117

받는 기쁨보다 주는 기쁨을 느껴라   121

믿음은 곧 사람됨이다   125

삶을 지탱해 주는 한마디의 '침묵'   129

드러나지 않는 소중함을 찾아라   134

순수함은 곧 솔직함이다   138

싸우지 않고도 이기는 인생의 묘리   142

둥근 모양의 마음이 관계를 평화롭게 만든다   147

효(孝)를 바라기 전에 조건 없는 사랑이 먼저다   152

경솔함은 관계의 독이다   156

정확하게 아는 사람은 관계가 단단하다   161

바른말은 내뱉는 순간 틀린 말이 된다   166

4장. 나를 다스리는 힘

자신과는 치열하게 경쟁하라	172
작은 일은 결국 큰 일이다	178
일상은 약한 것으로 채워야 단단해진다	182
뛰어남도 모자람도 그저 주어지는 것이다	186
약간 모자라야 삶의 조화를 이룰 수 있다	190
초조함을 버려야 오래 걸을 수 있다	194
삶을 무겁게 만드는 세 가지	198
무한한 공간에서 찾는 진정한 자유	203

에필로그 208

1장

깨달음을 위한 자세

이름을 버려야 진짜가 보인다

◆
◇

도(道)를 도라고 말할 수 있다면 그것은 진정한 도가 아니다.
이름을 말로 설명할 수 있다면 그 또한 진정한 이름이 아니다.
道可道非常道(도가도비상도) **名可名非常名**(명가명비상명)

- 『도덕경』 제1장

노자는 만물을 다스리는 근본 원리를 '도(道)'라고 칭했습니다. 그리고 자연법칙에 따라 모든 것을 있는 그대로 받아들일 때 비로소 도의 경지에 다다를 수 있다고 수없이 강조합니다.

『도덕경』 제1장에서 노자는 "도를 도라고 말할 수 있다면 그것은 진정한 도가 아니다. 이름을 말로 설명할 수 있다면 그 또한 진정한 이름이 아니다"라고 말합니다. 이는 어떤 묘리(妙理)를 "도"라고 부르는 순간, 그것이 도가 아니게 된다는 이야기입니다. 그리고 어떤 사물이나 현상에 이름을 붙이는 순

◆ 훌륭하고 뛰어난 깊은 이치.

간, 그것의 진정한 의미가 사라진다는 것입니다. 그런데 성인이 아닌 우리가 짧은 인생에서 큰 도를 깨닫고 큰 이름을 얻기란 불가능에 가깝습니다.

노자의 깨달음을 실천하기 위한 현실적인 방법은 바로 이름을 버리는 것입니다.

눈앞에 한 송이 꽃을 상상해 봅시다. 장미입니다. 장미는 대개 꽃잎이 빨갛습니다. 그런데 지금 우리 눈앞에 있는 장미는 꽃잎이 노랗습니다. '장미'라는 이름을 떠올리자 '장미는 꽃잎이 빨갛다. 그러니 노란 꽃잎은 자연스럽지 못하다'라는 불편한 감정이 듭니다. 이렇듯 꽃에 이름을 붙이는 것은 아름다움을 보는 마음의 눈을 가리는 일입니다.

이번엔 눈앞의 꽃을 '이름 없는 꽃'으로 여기며 천천히 살펴봅시다. 이제야 비로소 순수한 아름다움을 머금고 있는 꽃을 제대로 바라볼 수 있게 됩니다. 아름답습니다. 노란 꽃 그 자체로 말입니다.

거기서 더 나아가 '꽃'이라는 이름을 지웁니다. 그러자 꽃잎, 줄기, 가시, 잎사귀와 같은 꽃의 형태는 더 이상 중요하지 않습니다. 그렇게 완전한 장미가 아니었던 꽃은 어느새 노란 빛을 머금은 아름다운 존재로 변합니다.

본질을 가리는 이름

한 생명이 태어났습니다. 옴짝대는 손가락, 작은 입술, 보드라운 머리카락까지, 부모는 작은 것 하나라도 놓칠세라 아기에게서 눈을 떼지 못합니다. 그리고 얼마 지나지 않아 아기에게는 '이름'이 생깁니다. 그저 사랑스러운 생명체였던 아기는 이제 자신만의 이름으로 불리기 시작합니다.

사람뿐 아니라 우리가 알고 있는 만물과 현상에는 고유의 성질을 구분하기 위한 이름이 있습니다. 물론 그 이름은 타고난 것이 아닌 누군가가 붙여준 것입니다.

이름은 빠르고 정확하게 의미를 전달하는 효과적인 수단입니다. 망치가 필요한 상황에서 '목재로 된 손잡이에 단단한 쇠뭉치를 이어 붙인 것'이라고 표현할 사람은 아무도 없습니다. 이름은 한 글자만 집어넣어도 단어가 자동 완성되는 검색 프로그램처럼 상황을 빠르게 정리해 줍니다.

그런데 때론 '이름을 부르기 시작하자, 그 대상이 지닌 고유의 의미를 되새길 기회를 잃어버리는 것은 아닌가?'라는 의구심이 들기도 합니다. 아기에게 이름을 지어주던 순간이 기억납니다. 소중한 존재의 이름을 부르는 것만으로도 가슴이 벅차오릅니다. 그런데 아이가 나이를 먹어가며 이름은 그저 아이를 불러 세우기 위한 하나의 수단이 되어 갑니다.

이름으로 명확하게 규정된 존재일수록 자주 이름을 잊고

더욱 소중함의 이유를 되새겨야 합니다. 그래서 오늘은 아이의 이름이 아닌, '우리 아가'라는 호칭을 사용합니다. 그렇게 이름 보다는, 아이의 눈동자, 입술, 작은 음성, 경쾌한 발걸음에 집중합니다. 아름답고 소중한 나의 분신인 아이의 모든 것이 사랑스럽게 느껴집니다.

아이는 태어난 순간부터 지금까지 그대로였습니다. 그러니 마음의 눈을 가리고 있던 이름을 지운다면 언제든 아이의 소중함을 되새길 수 있습니다.

삶에서 실천하는 덜어내기

흔히 '꼰대'라고 불리는 기성세대는 자기 생각을 남에게 일방적으로 강요합니다. "나 때는 말이야"라는 말로 시작하는 대화 속에는 '내 생각이 정답'이라는 사고방식이 깊게 자리 잡고 있습니다. 대개 그런 사고방식은 특정 자리나 직위를 얻는 순간에 더욱 심해집니다.

'팀장', '과장', '부장', '대표'와 같은 호칭에 집착하면 생각의 폭은 점점 좁아집니다. 그런 사람은 팀원이나 직원들의 특성은 물론 자기 위치에서 해야 할 일 또한 제대로 파악하지 못합니다. 만약 직장 생활 중에 누군가가 "나 때는 말이야"라는 말을 내뱉는다면, 또는 자기 입으로 그 말을 하고 있다면 잠시 직함을 내려놓고 생각해 봐야 합니다.

팀장이라는 이름을 내려놓고 직원을 대해야 그들의 생각을 받아들일 수 있습니다. 반대로 어렵기만 한 상사를 대할 때는 직위가 아닌 사람 자체를 보기 위해 노력해야 합니다. 그러면 곧 팀장, 과장, 부장 같은 이름에 가려져 있던 상대의 본성을 알 수 있습니다. '그들도 나와 같은 사람이다'라는 것을 깨닫는 것만으로도 불필요한 긴장을 없앨 수 있습니다.

윗사람, 아랫사람 구분 없이 있는 그대로의 본성을 살피는 것은 노자가 말한 큰 도, 큰 이름을 찾아가는 방법입니다.

타고난 본성을 깨닫는 자가 현명하다

남을 아는 자는 지혜롭지만, 자신을 아는 자는 현명하다.
知人者智(지인자지) 自知者明(자지자명)
- 『도덕경』 제33장

'너 자신을 알라'라는 오래된 철학적 논제는 현대를 살아가는 우리에게도 꼭 필요한 주제입니다. 노자 또한 『도덕경』 제33장에서 "남을 아는 자는 지혜롭지만, 자신을 아는 자는 현명하다"라고 했습니다.

무언가를 단순히 외우고 기억하는 것은 머릿속에 담긴 '지식'입니다. 그리고 그 지식을 활용해 현상의 이면을 들여다보고 삶의 다양성을 깨닫는 능력은 '지혜'입니다. 노자는 이러한 지혜로움보다 높은 경지를 '현명함'이라고 말하며, '자신을 아는 것'을 현명한 사람이 되기 위한 제일의 자질로 여겼습니다.

현명한 사람은 자연스럽다

인생은 뜻대로 흘러가지 않습니다. 매 순간 고통뿐인 것만 같은 날도 부지기수입니다. 그럼에도 아침에 눈을 뜨고 잠들 때까지 어떻게든 살아내야 하는 것이 인생입니다. 그럼, 인생을 흐르는 물과 같이 유연하고 자연스럽게 살아가려면 어떻게 해야 할까요?

현명한 사람, 즉 노자가 말한 '자신을 아는 사람'이 되면 됩니다.

남을 알기는 참 쉽습니다. 우리의 시선은 항상 외부를 향해 있기에, 남을 관찰하는 것은 숨을 쉬는 것만큼이나 자연스럽습니다. 눈을 감거나 바닥으로 시선을 돌리지 않는 한 보이는 것은 '남'뿐입니다.

그런데 무턱대고 남을 따라 하거나 반대로 남을 무시하는 것은 노자가 말한 지혜가 아닙니다. 상대의 타고난 본성을 있는 그대로 바라보고 인정할 수 있어야 노자가 말한 지혜로운 사람이 될 수 있습니다.

남을 아는 지혜를 얻은 다음에는 마음의 눈을 자신에게로 돌려야 합니다.

마음을 고요하게 가라앉히고 자기의 타고난 본성을 하나씩 들여다봅시다. 남과의 헛된 비교로 어지럽게 흐트러진 본성의 조각을 하나씩 맞춰가는 겁니다. 그런 노력은 나에게 덧

씌워진 허울을 거둬내는 힘이 됩니다. 그렇게 자신의 본성을 되찾을 때 온전한 '나', 즉 '자신을 아는 현명한 사람'이 될 수 있습니다.

그런데 남과의 비교에서 벗어나 자기 본성을 깨닫는 과정은 생각처럼 쉽지 않습니다. 수시로 변하는 주변 환경과 그에 대응하는 마음가짐이 매번 달라지기 때문입니다. 그럴 땐 몸과 마음에 거리낌이 없는 자연스러움을 찾아야 합니다. 무언가를 판단하거나 행할 때 조금이라도 마음에 걸리는 것이 있다면, 잠시 멈춰서서 생각해 봐야 합니다.

자신을 아는 현명함을 갖춘다면 인생은 더 이상 고통이 아닙니다. 인생의 고통은 대부분 비교에서 비롯됩니다. 자기가 가지지 못한 것을 부러워하고, 남의 성공을 시기하며 초라한 자신을 자책할 때 삶은 고통이 됩니다. 인생의 고통은 남이 아닌 자신이 만드는 것임을 알아야 합니다. 결국 노자가 말한 현명한 사람이 되는 과정은 남을 알고 나를 알아 자연스러움을 찾아가는 여정입니다.

삶에서 실천하는 덜어내기

노력하는 분야가 자기 재능과 맞아떨어져 남들보다 앞서는 경우가 있습니다. 의도했든 아니든 운이 좋은 경우라고 할 수 있습니다. 반면, 열과 성을 다해도 좀처럼 발전이 없는 때도 있습니다. 『장자』의 「변무」편에서는 "오리 다리가 짧다 하여 그것을 길게 늘여주면 괴로울 것이요, 학의 다리가 길다고 그것을 잘라주면 슬퍼할 것이다"라고 했습니다. 세상 만물은 각자 타고난 고유의 본성이 있으니, 그것을 거스르는 것만큼 어리석은 일은 없습니다.

만약 어떤 분야에 매진하는데 생각처럼 잘 풀리지 않는다면, 자신의 타고난 본성을 거스르고 있지는 않은지 살펴봐야 합니다. 만약 오리의 다리를 길게 늘이거나, 학의 다리를 짧게 자르는 정도의 고통을 수반하는 일이라면 당장 그만둬야 합니다.

모두가 효율적이라고 말하는 일 처리 방식이 과연 나에게 맞는지 생각해 봅니다. 또 정석이라는 자세가 과연 내 몸에 맞는지 생각해 봅니다. 그렇게 한 발 떨어져 자신을 관찰하고 자연스럽지 못한 부분을 찾을 수 있어야 합니다.

직장에는 분야별로 정리된 메뉴얼이 있기 마련입니다. 누군가의 연륜이 잘 녹아들어 배울 점이 많은 메뉴얼이 있는가 하면, 오류 투성이인 것도 적지 않습니다. 그중 어느 것을 따라야 하는지 판단이 서지 않을 때 가장 먼저 고려해야 하는 것은 바로 '편안함'입니다.

"업무 협의는 반드시 얼굴을 맞대고 해야 한다"라고 말하는 사람이 있습니다. 그런 사람은 자리에 앉아 모니터만 바라봐서는 답이 나오지 않는다고 생각합니다. 반면 글로 정리된 문서를 주고받으며 일하는 것을 편안해하는 사람이 있습니다. 이런 사람은 오히려 얼굴을 마주하고 이야기할 때 전할 말을 놓치기 쉽습니다. 그러니 저마다의 특성을 알지 못하는 한, 어떤 방법이 더 좋다고 단정 지어 말할 수 없습니다.

이렇듯 누군가가 말하는 방식을 무작정 따를 이유가 없습니다. 자신만의 길을 찾아 일상을 자연스러움으로 채울 때 '나를 아는 현명한 사람'에 가까워집니다.

가장 자연스러운 순간이 곧 가장 적절한 때이다

◆
◇

움직임은 때에 맞아야 한다.

動善時(동선시)

- 『도덕경』 제8장

노자는 『도덕경』 제8장에서 상선약수(上善若水), 즉 "최고의 선은 물과 같다"라고 말합니다. 그리고 이어서 너무 느리지도 빠르지도 않게 흐르는 물의 특성을 이야기하며 동선시(動善時), "움직임은 때에 맞아야 한다"라고 덧붙입니다. 노자의 말처럼, 세상 만물은 제때 흐르고 멈추어야 탈이 없는 법입니다.

"인생은 타이밍"이라는 말을 많이 합니다. 같은 일도 언제 하느냐에 따라 그 의미가 천양지차입니다. 이렇듯 때를 아는 지혜는 화(禍)와 복(福)이 교차하는 삶의 변곡점에서 큰 힘을 발휘합니다.

일할 때도, 사람을 대할 때도, 무언가를 얻고자 노력할 때도, 남을 돕고자 나설 때도 적절한 시기가 있습니다. 그런데 이런 순간은 머리로 이해하고 득과 실을 따진다고 해서 알 수 있는 것이 아닙니다. 일상을 자연스러움으로 채울 때 그저 마음으로 깨닫게 되는 것입니다.

때에 맞는 움직임은 불가능도 가능으로 바꾼다

중국 한나라 말기에 명의로 이름을 떨친 화타의 일화입니다. 어느 날 화타가 한 마을에 들렀는데, 그곳에서 황달에 걸린 노인을 만났습니다. 화타가 노인의 병세를 살펴보니 그는 살날이 얼마 남지 않아 보였습니다. 갈 길이 바빴던 화타는 노인을 뒤로하고 마을을 떠났습니다.

그런데 얼마 뒤 다시 마을에 들른 화타는 깜짝 놀라고 말았습니다. 황달에 걸려 다 죽어가던 노인이 전보다 더 건강해져 있었기 때문입니다. 화타가 노인에게 이유를 물으니, 봄철에 식량이 떨어져 산에서 인진쑥을 캐서 먹었다고 대답했습니다.

인진쑥이 황달에 효과가 있다고 생각한 화타는 인진쑥을 캐서 다른 황달 환자에게 먹여보았습니다. 하지만 환자의 병세가 더 나빠지는 게 아니겠습니까. 몇 날 며칠을 고심하던 화타는 노인이 인진쑥을 캐서 먹은 시기는 3월이었고 자신이 인진쑥을 캤던 달은 4월로, 약초의 채취 시기가 달랐다는 사실을 깨달았습니다.

이듬해 3월, 화타는 인진쑥을 캐서 다시 황달 환자에게 먹여보았습니다. 그러자 양분을 충분히 머금고 있던 인진쑥은 황달 치료에 큰 효과를 발휘했습니다. 이에 화타는 이런 말을 남겼습니다.

"3월의 인진쑥은 명약이요, 4월의 인진쑥은 불쏘시개로다."

명약으로 쓰이던 인진쑥은 한 달 사이에 불쏘시개로 변해버렸습니다. 약초마다 쓰임을 위한 적절한 때가 있습니다. 자연의 정기를 온전하게 머금을 수 있는 제철을 만나야만 비로소 약초로 불릴 수 있는 것입니다.

서두르지 말고 기다려야 할 때가 있고, 주저하지 말고 행동에 나서야 할 때가 있습니다. 그런데 기다리느냐 움직이느냐, 또는 그 중간에 서느냐의 판단이 절대 쉽진 않습니다. 하지만 불쏘시개를 약초로 만들기 위해서는 때를 알고 적절하게 움직이는 지혜가 필요합니다.

인진쑥을 코앞에 두고 봐서는 주변을 살피지 못합니다. 그래서 지금이 알맞은 때인지 아닌지 알기 위해선 상황을 멀리 두고 봐야 합니다. 땅만 쳐다봐서는 계절의 변화를 알지 못합니다. 고개를 들어 나뭇가지에 핀 나뭇잎을 들여다보고 곤충과 새의 움직임을 살펴야 계절의 흐름을 느낄 수 있습니다.

그렇게 한 발 떨어져 숲을 볼 때 비로소 3월의 명약을 얻을 수 있습니다.

제철은 말 그대로 '알맞은 시절'입니다. 자연의 흐름을 몸과 마음으로 받아들이는 순간, 인생의 제철을 맞이할 수 있습니다.

삶에서 실천하는 덜어내기

어렸을 때 저는 고민보다는 항상 즐거움이 많았습니다. 온종일 놀이터에서 뛰어놀며 온몸이 땀으로 젖었던 날, 캠프장에서 아버지와 장작불을 쬐며 고구마를 구워 먹던 날, 좋아하는 만화영화 속 주인공을 보며 가슴 뛰던 날처럼 말입니다.

시간이 가는 줄 모르고 즐기던 일도 어느 순간 추억이 됩니다. 모두 제철이 지나 '그때의 즐거움'이 '지금의 즐거움'이 아니게 된 것입니다.

누구나 마지막이 된 일들이 있을 것입니다. 마지막으로 놀이터에서 놀았던 날, 마지막으로 가족과 함께 캠핑을 떠난 날, 마지막으로 만화영화를 본 날, 마지막으로 아버지의 목마를 탄 날 등 이제 더 이상 하지 않는 일들이 있습니다.

그런데 그 마지막을 선택한 이가 누구인가요? 맞습니다. 바로 자기 자신입니다.

그 시절 놀이터가 그립다면 손에 든 스마트폰을 내려놓고 동네 놀이터로 향하면 됩니다. 몸집이 커져 더 이상 그네를 탈 수 없더라도 마음만은 즐길 수 있습니다. 또 아침이슬이 내린 숲속의 고요함이 그립다면 장비 몇 가지를 챙겨 들고 캠프장으로 떠나면 됩니다. 정성스럽게 고구마를 구워주는 누군가가 없더라도 눈과 귀로 자연을 느낄 수 있습니다.

자기 내면에서 일어나는 일의 적절한 때란 누군가 정해주는 것이 아닙니다. 놀이터를, 캠핑을, 만화영화를 '재밌지 않다'라고 생각하는 순간, 때는 지나가 버리고 맙니다. 그러니 지금이라도 인생의 적절한 때를 스스로 흘려보내고 있지는 않은지 잘 살펴야 합니다. 인생은 타이밍이 맞습니다. 그리고 그 타이밍은 남이 아닌 자기 자신이 맞추는 것입니다.

흐름을 거스르지 않아야 힘이 덜 든다

최고의 선은 물과 같다. 물은 만물을 이롭게만 하지 다투지는 않고
주로 사람들이 싫어하는 곳에 처한다. 그러므로 도에 가깝다.
上善若水(상선약수) 水善利萬物而不爭(수선이만물이부쟁)
處衆人之所惡(처중인지소오) 故幾於道(고기어도)
- 『도덕경』 제8장

노자가 살았던 춘추 전국 시대에는 제후국 간의 크고 작은 다툼이 끊이지 않았습니다. 이에 노자는 인위에서 벗어나 예의와 법, 지혜 등을 버리고 있는 그대로의 자연법칙을 따라 살아야 한다고 말했습니다. 그런 노자의 눈에 물은 최고의 선과 같았습니다. 『도덕경』 제8장에서 노자는 "최고의 선은 물과 같다. 물은 만물을 이롭게만 하지 다투지 않고 주로 사람들이 싫어하는 곳에 처한다. 그러므로 도에 가깝다"라고 말합니다.

모든 것이 각자의 형태와 색을 갖춘 세상에서 정해진 모습 없이 만물을 이롭게 하는 물. 물의 그 '형태 없음'은 세상에 쉼을 줍니다. 물은 빈 곳에 스며들어 공간을 잇고, 메마른 땅을 적셔 생명을 싹트게 합니다. 둥근 용기에 담기면 둥근 모양

을, 네모난 틀 안에서는 네모난 모습을 갖추며 그대로 머뭅니다. 또, 물은 멈추는 법이 없습니다. 장애물을 만나더라도 에둘러가고, 그것이 여의찮으면 잠시 고였다가 넘쳐흐릅니다. 그렇게 물은 가장 낮은 곳에 이르러서야 비로소 멈춥니다.

인생을 물처럼 유연하게 살아갈 수 있다면 얼마나 좋을까요? 거침없이 내달리면서도 그 어떤 다툼 없이 흐르는 물처럼 말입니다.

무색무취의 삶을 살아라

우리는 개성을 갖춰야 하는 시대에 살고 있습니다. 남들 눈에 들기 위해선 뭐 하나라도 튀어야 합니다. 그래서 SNS를 보다 보면 믿기 어려운 이야기들이 넘쳐 납니다. 심지어 어느 인플루언서는 절벽에서 인증사진을 남기려다 목숨을 잃기도 했습니다. 없는 개성을 억지로 만드려다보니, 이런 부자연스러운 일들이 무척이나 많이 일어납니다.

물은 무색무취입니다. 바람이 불어 물결이 일지 않는다면 물의 존재를 느끼기 어렵습니다. 그런데도 사람들은 잔잔한 호수를 바라보며 다양한 심상을 떠올리고, 심리적 안정감을 얻습니다. 아무런 반응도 작용도 없이 그저 고요함만 있는데도 말입니다. 결국 특별함은 별난 것이 아닌 자연스러움에 있는 것입니다.

진정한 고급스러움은 한철 지나고 사라지는 유행이 아닙니다. 기본을 충실히 지킬 때 자연스럽게 풍기는 것이 고급스러운 것입니다. 자기에게 어울리지 않는 색을 칠하고 달콤한 향을 입힌다고 한들 삶이 특별해지지 않습니다. 오히려 화려한 색을 지우고 자연의 향을 머금을 때 더 빛나는 존재가 되는 법입니다. 바로 무색무취의 물처럼 말입니다.

뭐든 흐름을 거스르게 되면 불필요한 힘이 들어갑니다. 맞바람을 뚫고 가려면 바람을 등지고 갈 때보다 훨씬 많은 힘이 필요합니다. 물길을 거스를 때도 마찬가지입니다. 물의 흐름을 탈 때보다 몇 배는 수고롭습니다.

일상에서도 흐름을 벗어난 일을 하게 되면 각종 마찰을 겪습니다. 잘 흘러가던 일도 어그러지고, 같이 일하거나 만나는 사람과도 괜히 마찰이 생깁니다. 불필요한 곳에 힘을 쏟다 보니 사소한 다툼도 해결이 쉽지 않습니다. 이처럼 한번 흐름을 거스르기 시작하면 범람하는 하천처럼 물길이 제멋대로 흐트러집니다.

우리는 보통 원하는 결과를 얻지 못할 때 억지를 부리곤 합니다. 하지만 바라던 바를 이루지 못했더라도 그동안에 한 노력이 어디로 사라지는 것은 아닙니다. 무의미한 일이 되는 것도 아닙니다. 인생의 밑거름이 되는 경험을 얻었으니, 그것은 절대 실패가 아닙니다. 그러니 인생의 시련이 찾아와도, 무리하게 흐름을 거스르려 하기보다 지친 마음을 추스르고 자연스러운 흐름을 되찾는 것이 더 좋은 방법입니다.

때론 뜨거운 태양 빛으로 물이 모두 말라가기도 합니다. 하지만 괜찮습니다. 그 물은 대기에 스며들어 세상을 촉촉하게 적시는 비로 내릴 테니 말입니다.

높은 곳에서 낮은 곳으로 빈틈을 찾아 흐르는 물처럼 유연한 마음으로 살아가면 평화롭게 살 수 있습니다. 지금은 여린 한줄기에 불과할지라도, 오롯이 흐르고 흘러가면 작은 웅덩이를 가득 채울 수 있을 것입니다. 그리고 거기에 또다시 한 방울이 더해진다면, 나만의 물줄기를 새롭게 만들 수 있을 것입니다.

삶에서 실천하는 덜어내기

우연히 학창 시절 졸업앨범을 들여다볼 때가 있는데, 앳된 얼굴을 보며 옛 추억을 떠올리는 재미가 쏠쏠합니다. 그런데 그 당시에 소위 '인싸'로 불리던 친구들의 모습이 왠지 어색하게 느껴집니다. 눈썹을 모두 가린 앞머리, 헐렁하다 못해 바닥에 한 뼘은 끌리는 바짓가랑이, 형형색색의 티셔츠, 모두 그 당시에는 인기를 끌던 유행이었지만 지금 보니 조금 촌스럽게 느껴지기도 합니다.

반면 학창 시절에 존재감 없이 조용했던 몇몇 친구들의 사진이 눈길을 끕니다. 잘 정돈된 머리, 적당한 품의 교복, 온화한 표정, 어린 학생의 풋풋함까지, 모든 것이 자연스럽습니다. 그렇습니다. 시간이 지나도 사라지지 않는 아름다움은 흐름을 거스르지 않는 자연스러움에 있습니다.

마찬가지로 대학을 졸업하고 이제 막 일하기 시작한 사람은 누구나 어리숙합니다. 오히려 모르는 것을 아는 척하다가는 쉽게 구할 수 있는 도움의 손길까지 스스로 내치고 맙니다. 연륜은 시간을 들여서 쌓을 때 더욱 단단해지는 법입니다. 사회 초년생이라는 딱지는 그 시절 가장 자연스러운 모습의 일부입니다. 그러니 억지로 떼려 하지 말고 더 큰 도약을 위해 고이 간직해야 합니다.

약한 것이 강한 것을 이기기 위해선 흐름을 타야 한다

> 세상에서 가장 부드러운 물이 세상에서 가장 굳센 것을 뚫는다.
> 일정한 모양이 없는 물은 틈이 없는 곳까지 스며든다.
> 물을 보며 나는 무위의 유익함을 배우느니라.
>
> 天下之至柔(천하지지유) 馳騁天下之至堅(치빙천하지지견)
> 無有入於無間(무유입어무간) 吾是以知無爲之有益(오시이지무위지유익)
>
> -『도덕경』제43장

세상이 어지러운 이유를 '인위적인 것', '작위적인 것' 때문이라고 생각한 노자는 억지로 힘을 쓰지 않는 무위의 삶을 강조했습니다. 그런 노자는『도덕경』제43장을 통해 무위의 상징인 물이 세상에서 가장 굳센 것을 뚫는다고 말합니다.

강하게 부는 바람에 유약한 갈대가 이리저리 흔들립니다. 그런데 갈대는 정신없이 흔들릴지언정 부러지지 않습니다. 반면 갑작스러운 돌풍으로 전신주가 꺾이고, 수십 년 된 나무가 뿌리째 뽑혔다는 기사를 심심치 않게 접합니다. 그렇습니다. 세상을 집어삼킬 듯 거세게 부는 바람은 강함이 아닌 유연함으로 상대해야 합니다.

강한 상대에게 힘으로 맞서 이기는 것은 오래가지 못합

니다. 패배한 상대는 와신상담(臥薪嘗膽)하며 힘을 키워 다시 덤벼들 것이기 때문입니다. 하지만 유연함으로 상대를 이긴다면 상황은 달라집니다. 결과를 받아들이기까지 긴 시간이 걸리지만, 이렇게 얻은 승리는 웬만해선 번복되지 않습니다.

그런데 '유연함으로 이긴다'라는 것은 정확히 어떤 의미일까요?

거세게 항의하는 사람을 상대한다고 가정해 봅니다. 이미 상대는 어떤 논리로도 설득할 수 없는 상태입니다. 이때 상대를 힘으로 꺾으려고 하면 어떤 일이 벌어질까요? 목소리가 커지는 것은 기본이고 욕설이 오가며, 심한 경우 주먹다짐까지 각오해야 합니다. 설령 상대를 바닥에 때려눕히더라도 그의 입에서는 순응의 말이 아닌 거친 말이 쏟아져나올 겁니다. 이겨도 이긴 게 아닌 상황입니다.

반면 상대의 말을 들어주고 그의 입장을 공감하기 위해 노력한다면 상황은 어떻게 흘러갈까요? 먼저 상대방이 본인의 입으로 불만을 쏟아내도록 충분한 시간을 줍니다. 그리고 말이 끝나면 재차 묻습니다. "더 할 말이 있으신가요? 혹시 미처 생각하지 못한 부분이 없는지 다시 한번 생각해 보세요"라고 말입니다. 이 과정은 시간이 허락하는 한 반복하면 좋습니다.

불만을 이야기하며 상황을 복기한 상대는 문제점을 좀 더 객관적으로 바라볼 수 있게 됩니다. 그리고 보통의 정서를 가진 사람이라면 자기 말을 집중해서 들어주는 사람에게 연대감을 느낍니다. 그때가 되어 상대에게 해야 할 말을 꺼낸다면 아마 의견을 더 잘 받아들일 것입니다. 그렇게 하나의 문제를 놓고 서로 대치하던 상황은 함께 문제를 풀어가는 공감의 장으로 바뀝니다. 결국 '유연함으로 이긴다'라는 것은 감정의 폭풍이 지나기를 기다려 서로가 마음의 평온을 찾아가는 과정입니다.

물은 흐름을 타면 거세진다

장마철에 연일 내린 비로 하천에 물이 불어납니다. 작은 냇물이 불어나 흐름을 타게 되면 집채만 한 바위도 쉽게 옮깁니다. 장마철 계곡을 끼고 있는 곳에서는 밤새 천둥소리가 들리는데, 그중 일부는 물살에 휩쓸린 바위가 서로 부딪혀 나는 소리입니다. 이렇듯 부드러운 물이 흐름을 타면 거대한 힘을 냅니다.

물처럼 사는 삶이 유약한 듯 보여도 제대로 된 흐름을 타면 거칠 것이 없습니다. 하루하루 지내는 보통의 날은 작은 물방울과도 같습니다. 손가락에 얹어둔 한 방울의 물은 체온에 달아올라 금세 사라집니다. 하지만 몇 방울을 더하면 손에 묻은 먼지를 지울 수 있습니다. 그리고 몇 방울 더하면 갈증을 해소할 수 있는 한 모금의 단물이 됩니다. 그렇게 조금씩 물방울을 더해 나가면 작은 냇물이, 하천이, 강이, 드넓은 바다가 됩니다. 결국 인생에 흐름을 만들기 위해서는 보통의 날들을 잘 살아내야 합니다.

한 달 중 잘 걷고, 잘 먹고, 잘 자는 날이 얼마나 될까요? 곰곰이 생각해 보니 그리 많지 않습니다. 충분히 걸어서 갈만한 마트까지 꼬박꼬박 승용차를 이용하고, "한 입만 더"를 외치며 목구멍까지 음식을 밀어 넣습니다. 또 손에서 스마트폰을 내려놓지 못하고 새벽까지 눈을 혹사합니다. 결국 숙면하지 못해 괴로운 아침을 맞이합니다.

이제 잘 걷고, 잘 먹고, 잘 자기 위해 노력합니다. 생각보다 강한 의지를 다지면서 말입니다. 그렇게 자신을 조절하기 시작하자 삶에 놀라운 변화가 일어납니다. 내딛는 한 걸음에도 온전한 의지를 담을 수 있게 되고, 배부른 정도를 정확하게 인지하고 있으니 더 이상 과식하지 않습니다. 또 잠자리에 드는 과정은 숙면을 위한 기원제와도 같이 진지해집니다. 이렇게 하루를 잘 보낸다면 인생의 흐름은 거센 물결이 되어 작은 냇물이, 하천이, 강이, 드넓은 바다를 이루게 됩니다.

삶에서 실천하는 덜어내기

주변 사람 중에 "원래 내 말투가 그런 걸 어쩌겠어?"라며 가시가 돋친 말을 아무렇지 않게 하는 사람이 있습니다. 그런 말을 대수롭지 않게 받아넘기는 것은 절대 쉬운 일이 아닙니다. 더군다나 상대의 말을 흘려듣지 않는 신중한 성격이라면 모난 말은 두고두고 가슴에 상처를 남깁니다. 그래서 최소한의 자기방어는 필요합니다.

일단 상대방의 가시가 돋친 말에 쉽게 반응해선 안 됩니다. 뭉그러진 속마음과 다르게 가벼운 말로 상황을 넘기는 것은 가슴의 상처를 키우는 일입니다. 그러니 일갈을 날릴 수 없다면, 어설프게 웃지 말고 보란 듯이 침묵으로 대응해야 합니다. 정적이 흐르는 동안 침묵의 의미를 해석하는 일은 오로지 상대방의 몫으로 돌아갑니다. 욕은 듣는 사람이 받지 않으면 결국 내뱉은 사람에게 돌아가는 것과 같은 이치입니다. 이렇듯 침묵은 상대방을 거친 말로 몰아세우지 않더라도 상황을 정리할 수 있는 강력한 수단입니다.

강한 상대를 이기는 방법은 더 강한 힘으로 되받아치는 것이 아닙니다. 물처럼 유연하지만 응축된 메시지를 남기는 '침묵'은 삶에서 실천할 수 있는 '유약한 강함'인 것입니다.

무위로 채우는 자연스러운 삶

◆
◇

하지 않으면서 하지 못하는 것이 없다.

無爲而無不爲(무위이무불위)

- 『도덕경』 제48장

노자는 『도덕경』 제48장에서 "아무것도 하는 일이 없지만, 하지 못하는 것이 없다"라고 말합니다. '무위'란 '아무것도 하는 일이 없음'을 의미합니다. 그런데 행위 자체가 없는데 어떻게 무언가를 이룰 수 있다는 말인지 선뜻 이해되지 않습니다.

어떻게 보면 노자의 이 말은 '삶에 무관심한 태도로 일관하라'는 뜻으로 여겨지기도 합니다. 하지만 노자의 말을 '무위의 실천으로 인생을 바르게 이끈다'라는 의미로 받아들인다면, 무위는 결코 소극적인 삶의 자세가 아닙니다.

한 가지 예를 들어 보겠습니다. 평소 남의 말에 참견하기를 좋아하는 사람이 있었습니다. 그는 상대방이 말을 마치기가 무섭게 자기 의견을 덧붙이기에 바빴습니다. 말이 많은 사람은 실수가 있는 법. 그 또한 잦은 실언으로 인간관계가 원만하지 않았습니다. 그런데도 그는 자신을 되돌아보기는커녕 또 다른 참견 거리를 찾아다녔습니다. 어느 날 주위를 돌아보니 그의 곁엔 아무도 남아 있지 않았습니다. 혼자 남은 그는 지난날을 후회하며 이렇게 말했습니다.

"입은 닫고 귀는 열어야 했거늘."

자, 누군가 이 사람에게 참견하기를 멈추라고 당부한다면, 과연 그는 그럴 수 있을까요? 아마도 양손으로 입을 틀어막지 않는 한 자기도 모르게 튀어나오는 말을 막지 못할 것입니다. 그에게 '말하지 않는 무위'는 절대 쉬운 일이 아닌 것입니다. 만약 그가 지금부터라도 참견하고 싶은 마음을 억누르고 말을 아낀다면, 그의 삶은 어떻게 흘러갈까요? 지금껏 삐걱거리던 인간관계가 물 흐르듯 자연스러워질 겁니다.

'하지 않으면서 하지 못하는 것이 없다'라는 것은 바로 이런 의미입니다. 삶이 자연스러움을 거스르는 유위(有爲)로 나아갈 때, 그 유위를 적극적으로 행하지 않는 것이 무위인 것입니다.

자연스러움을 거스르는 유위를 알아차려라

삶에서 얻을 수 있는 귀중함은 꼭 무언가를 행하는 것의 반대급부로 구해지는 것이 아닙니다. 때론 말하지 않고 행동하지 않음으로써 자연스럽게 얻어지는 것입니다.

누구나 한번쯤 들어봤을 이솝우화 이야기에도 나옵니다. 해와 바람이 지나가는 나그네의 옷을 벗길 수 있는지를 두고 내기를 했습니다. 먼저 바람이 나그네의 옷을 날려버리기 위해 호기롭게 돌풍을 일으켰습니다. 하지만 바람이 거세질수록 나그네는 옷깃을 더욱 움켜쥐었습니다. 바람의 도전이 실패한 뒤 태양은 뜨거운 열기를 내뿜기 시작했습니다. 그러자 더위를 견디지 못한 나그네는 옷을 모조리 벗어버렸습니다.

자연스러움을 거스르는 돌풍은 인생에서 버려야 할 유위입니다. 자기를 따르지 않는 자를 손으로 잡아끈다고 해서 그의 마음마저 얻을 수는 없습니다. 상대가 스스로 움직이겠다는 각오를 다져야만 마음도 함께 움직일 수 있습니다. 그리고 그 시작은 자연스럽지 못한 일을 하지 않는 무위입니다.

이렇듯 아무것도 하지 않으면서 이뤄내는 무위의 삶은 자연스러움을 찾아가는 과정입니다. 만약 지금 하는 일이 잘 풀리지 않거나 인간관계의 어려움을 겪고 있다면 지금 당장 '하지 않음'을 선택해야 합니다. 때론 '너 잘되라고 한 말이야', '내가 그렇게 행동한 건 이유가 있어서야'라고 생각할 수 있습니다. 하지만 그 모든 것은 자연스러움을 벗어난 유위임을 깨달아야 합니다.

유위를 버리고 자연스러움을 무위로 드러낼 때 애써 구

하지 않아도 얻어지는 것입니다.

삶에서 실천하는 덜어내기

『맹자』 「이루 상(上)」 편에는 "예부터 군자는 자기 자식을 직접 가르치지 않았다"라는 말이 나옵니다. 맹자는 그 이유를 다음과 같이 설명합니다.

"형편상 그렇게 할 수 없기 때문이지. 가르치는 사람은 바른 도리로서 가르치려고 하는데, 그렇게 가르쳤는데도 자식이 바른 도리를 행하지 않으면 화가 나게 되고, 화를 내면 도리어 자식의 마음을 상하게 하네. 또한 그 자식도 부모를 두고 '아버지는 나를 바른 도리로 가르치려 하지만, 본인의 행실이 반드시 바른 도리를 따르질 않는구나'라고 생각할 거야. 이는 부자간에 서로 의가 상하는 일이네. 그래서 예부터 군자는 서로 자식을 바꿔서 가르쳤다네. 부자간에는 선을 행하라고 요구하면 정이 떨어지는 법이야. 그러니 이보다 더 나쁜 것은 없네."

아무리 가까운 사람도 내 마음처럼 따라주지 않습니다. 오히려 상대의 생각을 넘겨짚으며 자기 생각을 강요하기에 바쁩니다.

부모라면 자녀에게 무언가를 가르치는 일이 쉽지 않다는 것을 압니다. 그래서 맹자는 자식 공부에 있어서 유위가 아닌 무위를 택하라고 말한 것입니다. 자기 자식이 남보다 조금이라도 앞서기를 바라는 마음은 누구나 같습니다. 그런데 그 바람 때문에 자식의 마음을 헤아리지 못하는 것입니다.

피아노 학원에 다니기 시작한 아이가 하루도 빠지지 않고 하는 일이 있습니다. 바로 '아빠에게 피아노 가르치기'입니다. 아이는 그날 배운 피아노 주법을 열과 성을 다해 설명합니다. 그리고 진지한 표정으로 시범을 보인 뒤 나에게 건반을 내어주며 말합니다.

"자, 이제 아빠 차례야."

곧잘 따라 치는 날에는 잊지 않고 칭찬의 말도 해줍니다. 그런데 아이는 아빠의 피아노 실력이 나아지길 바라는 마음에 매일 시범을 보이는 걸까요? 그렇지 않습니다. 그저 자신이 배운 것을 함께 공유할 수 있는 존재가 있다는 사실이 기쁜 것입니다.

가르침은 자기 생각을 강요하는 것이 아닙니다. 함께 하는 기쁨 속에 서로의 생각을 있는 그대로 공유하는 과정이 바로 진정한 가르침입니다.

오늘도 아이의 피아노 소리에 집중합니다. 단조롭지만 아름답게 이어지는 음을 타고 서로의 마음을 나눕니다.

변화를 받아들이면 다시 일어설 수 있다

크게 이룬 것은 부족한 듯하다.

大成若缺(대성약결)

- 『도덕경』 제45장

    노자는 『도덕경』 제45장에서 "크게 이룬 것은 오히려 부족한 듯하다"라고 말합니다. 세상에 완벽한 것은 없습니다. 모든 것이 유기적으로 흐르는 자연에서도 영원불멸의 완벽함이란 존재하지 않습니다. 세상 만물은 불완전함 속에서 변화를 거듭하며 서로 조화를 이루기 위해 움직일 뿐입니다.

    노자가 말하는 '큰 성취'란 불완전함을 받아들이는 삶의 자세에서 비롯됩니다. 그러니 삶에서 경험하는 불완전함, 즉 실패는 너무나 당연한 일입니다. 지금의 현실을 있는 그대로 받아들이고 변화하기 위해 노력할 때 노자가 말하는 큰 성취를 이룰 수 있습니다.

    인생에는 성공만 있을 수 없습니다. 누구나 크든 작든 실패를 경험합니다. 그런데 삶에서 중요한 것은 실패하지 않는 것이 아니라, 넘어져도 다시 일어설 수 있는 의지를 다지는 일입니다.

변화를 받아들이는 자세

일에서든 인간관계에서든 '실패'라는 성적표를 받게 되면, 지난 과정을 곱씹게 됩니다. 그런데 자신이 어느 지점에서 잘못했는지 도무지 알 수 없을 때도 있습니다. 한 개인이 모든 상황을 통제할 수 없기에 원인을 찾아낸다고 한들 결과는 쉽게 바뀌지 않습니다.

실패한 상황에 매몰될수록 자책하는 시간이 길어질 뿐입니다. 그래서 한시라도 빨리 상황을 털고 일어서는 것이 중요합니다. 그런데 "그냥 잊고 새로 시작해", "네 잘못이 아니야", "정말 어쩔 수 없는 상황이었잖아", "다음에 잘하면 되지"와 같은 주변 사람들의 위로는 전혀 힘이 되지 않습니다.

오직 자기 의지로 각오를 다질 때 시련을 딛고 일어설 수 있습니다. 이때 중요한 것은 변화를 받아들이는 자세입니다. 다시 한번 말하지만, 세상에 완벽한 것은 없습니다. 대자연도 '완전함'이 '불완전함'으로, '불완전함'이 '완전함'으로 변화하는 순환의 고리를 따릅니다.

그러니 인생에서 마주한 실패는 영원한 시련이 아닙니다. 오히려 언제든 성취로 이어질 수 있는 인생의 보고(寶庫)

인 것입니다. 이러한 이치를 깨닫는다면 더 이상 실패를 두려워할 이유가 없습니다. 노자가 말한 큰 성공을 이루기 위해선 오히려 부족해야 하기 때문입니다.

아주 오래전, 라디오 공익광고에 나온 이야기를 하나 소개하겠습니다. 한 남자가 공원을 지나는데 마침 어린 학생들이 편을 나눠서 야구 시합을 하고 있었습니다. 경기 내용이 궁금했던 남자는 수비 중인 학생에게 점수를 물었습니다. 학생이 대답했습니다.

"지금 우리 팀이 10대 0으로 지고 있어요."

"이런, 경기에 지게 생겼구나."

남자는 학생에게 안타까운 마음을 전하며 말했습니다. 그러자 학생은 고개를 갸우뚱하더니 대답했습니다.

"무슨 말씀이세요. 우리 팀은 아직 한 번도 공격하지 않았는걸요."

동네 야구에서 10점 차이는 패배를 확정 지을 만큼 큰 점수 차이가 아니었습니다. 남자는 그 말을 듣고 지고 있는 팀의 학생들을 둘러봤습니다. 과연 그 누구의 표정에서도 좌절감을 엿볼 수 없었습니다.

10대 0으로 지고 있더라도 당신에겐 최소 한 번 이상의 공격 기회가 남아 있습니다. 다음 기회가 없다고 단정 짓는 것은 변화의 가능성을 스스로 일축해 버리는 일입니다.

그러니 변화를 받아들이고 다음 기회를 준비하는 열정으로 다시 일어서는 겁니다. 그것이 바로 실패를 대하는 가장 현명한 자세입니다.

삶에서 실천하는 덜어내기

자신의 글이 한 권의 책이 되어 세상에 나오는 것은 생각만으로도 가슴 두근거리는 일입니다. 첫 번째 책 『너랑 걷는 이 길이 참 좋아』는 6살 딸아이와의 추억을 담은 일기 형식의 에세이였습니다. 첫 책이라는 소중함에 잠까지 줄여가며 정성을 쏟았습니다. 아내의 손 글씨로 제목을 달고, 표지 삽화는 직접 그려가며 가족의 사랑을 담기 위해 노력했습니다. 그렇게 세상에 내 이름을 단 책 한 권이 나오게 되었습니다.

그런데 너무 힘을 들인 탓일까요. 출간 이후 한동안 글 쓰는 일에 권태로움을 느꼈습니다. 그래서 수개월 동안 아무것도 쓰지 않았습니다. 그러다 문득, '이대로 책 한 권 내고 글쓰기 인생이 끝나는 것은 아닌가?' 하는 불안감에 정신을 차리고 다시 글쓰기에 몰입했습니다. 그리고 몇 개월 뒤, 여러 출판사에 투고를 시작했습니다. 물론 한번에 원하는 답을 받기는 어려웠습니다.

'우리 출판사의 기획 의도와 맞지 않아 작가님과 함께하기 어려울 것 같습니다. 부디 눈 밝은 출판사와 연이 닿기를 기원합니다.' 구체적인 문구는 달랐지만, 거절의 의미를 담은 답장이 하나둘 도착하기 시작했습니다. 매일 아침 메일함을 확인하는 일과 속에 실망감은 커졌습니다. 그러던 어느 날, '작가님께 제안합니다'라는 문구로 시작하는 메일이 눈에 들어왔습니다.

가슴이 두근거리기 시작했습니다. 그런데 막상 메일을 열어보니 본문의 시작은 여느 메일과 별반 다르지 않았습니다.

'보내주신 원고는 신중하게 검토해 보았으나, 자기 계발서를 다루는 우리 출판사에서의 출간은 어려울 것 같습니다.'

어느새 메일을 열어보기 전 두근거림은 온데간데없이 사라지고 기계적으로 메일을 읽어나갔습니다. 그런데 본문 마지막에 뜻밖의 제안이 담겨 있었습니다. 출판사에서는 투고 건과 함께 첫 번째 책을 검토한 모양이었습니다.

'작가님의 딸아이와의 추억을 담은 책을 인상 깊게 보았습니다. 혹시 딸아이에게 전하는 인생 조언을 편지글 형식으로 써보시는 건 어떨지 제안합니다.'

그랬습니다. 기획출간을 제안하는 메일이었습니다. 첫 책에 쏟은 노력이 두 번째 책을 내게 되는 계기가 된 셈이었습니다. 저는 입버릇처럼 "운이 좋아서"라는 말을 많이 합니다. 지금껏 책을 내는 과정도 운이 좋았습니다. 그런데 그 과정 중에 깨달은 것이 한 가지 있습니다. 바로 인생의 운도 최선을 다할 때 비로소 찾아온다는 것입니다.

인생에 휘몰아치는 비바람을 멈춰 세워라

광풍은 아침 한나절을 불지 못하고 소나기는 하루 종일 내리지 못한다.
누가 비바람을 일으키는가? 천지자연이다.
천지자연도 부자연스러운 일은 계속할 수가 없거늘,
하물며 사람의 일은 어찌하겠는가?

故飄風不終朝(고표풍부종조) 驟雨不終日(취우부종일)
孰爲此者天地(숙위차자천지) 天地尙不能久(천지상불능구)
而況於人乎(이황어인호)

- 『도덕경』 제23장

『도덕경』 제23장에서 노자는 "거세게 부는 바람도 아침 한나절이면 멈추고, 소나기도 하루를 넘기지 않는다"라고 말합니다. 그리고 이어서 "천지자연조차 부자연스러운 것은 오래 하지 못하니, 사람도 이를 본받아 부자연스러움을 버려야 한다"라고 강조합니다. 노자는 모든 것이 순리대로 흐르는 자연에서조차 광풍과 소나기는 자연스러움을 벗어난 일이라고 생각했습니다. 응축된 힘이 한순간에 폭발해 나무를 쓰러뜨리고 물길을 어지럽게 트는 것은 억지힘이 들어간 유위에 가깝다고 여긴 것입니다.

우리는 때론 몸에 맞지 않는 옷을 입고 살아갑니다. 원치 않은 일을 해야 할 때도 있습니다. 그럴수록 말이 많아지고 행동은 부자연스러워집니다. 그런데 사람은 천지자연이 아니기에, 거센 광풍과 폭우를 멈춰 세우기가 쉽지 않습니다. 그러니 우리가 할 수 있는 최선은, 마음을 단단히 고쳐먹는 일입니다.

먼저, 인생에 휘몰아치는 비바람을 알아차려라

요즘엔 휴가에도 잘 쉬지 못하는 사람들도 많습니다. 휴가를 쉬는 시간으로 여기지 않기도 하며, 오히려 휴가 동안 아무것도 하지 않는 것을 '시간 낭비'라고 생각하는 경우도 더러 있습니다. 그래서 무리한 일정으로 해외여행을 떠나기도 하고, 매일 빈틈없이 친구들을 만나고, 미뤄두었던 드라마를 몰아보며 휴가를 꽉꽉 채워 보냅니다. 그런데 삶에 멈춤이 없으면 휘몰아치는 비바람을 느낄 수 없습니다. 잠시 단 10분 만이라도 눈을 감고 다음 질문을 스스로에게 던져보세요.

'나의 삶은 자연스러운가?'
'내가 느끼는 만족은 거짓된 것이 아닌가?'

마음을 잠시 돌보면, 지금 자기 인생에 어떤 비바람이 휘몰아치는지 느낄 수 있습니다. 바쁜 일상에 회피하고 있던 문제들이 떠오를 것입니다. 그것은 인간관계 문제일 수도 있고, 진로에 관한 문제일 수도 있습니다. 그리고 그것을 알아차리는 것만으로도 일렁이는 마음을 가라앉힐 수 있습니다. 마음이 일렁이는 이유를 알게 되면 마음은 차분해지고, 자연스레 삶의 흐름도 되찾을 수 있습니다. 그러면 마음 속에 불던 바람은 잦아들고 쏟아지는 비도 멈추게 됩니다.

저는 쉴 때, 제가 가장 편안한 시간에 가장 편안한 방법으로 쉽니다. 남들이 가는 해외여행을 억지로 가지 않고, 무리해서 사람들을 만나지도 않습니다. 쉬는 시간에 아무것도 하지 않고 그저 쉬는 것만으로도 전 만족을 느낍니다. 쉼에 자연스러움이 찾아들 때 삶은 더없이 평온해진다는 것을 알기 때문입니다.

삶에서 실천하는 덜어내기

무언가를 배우는 방식은 다양합니다. 먼저 기초이론을 공부하고, 그것을 기반으로 실전을 연습하는 방법이 있습니다. 이와는 반대로 실전을 통해 학습하기 시작해 부족한 부분을 보완해 나가는 방법이 있습니다. 두 가지 방법 모두 장단점이 있습니다.

그런데 자연스러움이라는 관점에서 본다면, 첫 번째 방법보다 두 번째 방법이 더 자연스러움에 가깝습니다. 첫 번째 방법은 누군가 정립해 놓은 기초이론을 정답으로 가정합니다. 그렇게 이론을 공부하고 정해진 틀에 맞춰 실전 연습을 하게 됩니다. 자기의 타고난 본성을 우선시하는 것이 아닌, 이미 정해진 답을 좇아 몸과 마음을 맞추는 것입니다. 자연스러움은 그런 것이 아닙니다.

막 테니스에 입문한 사람은 어떻게 배워야 할까요? 첫 번째 방법을 택한다면 교본에 나온 자세를 익히기 위해 허공에 대고 수없이 라켓을 휘두를 것입니다. 그러다가 어느 순간 그 자세를 벗어나면 공을 치지 못할 것만 같은 불안감이 들게 됩니다. 얼마 뒤 실전에 들어서자, 그는 자세를 신경 쓰느라 제대로 공을 치지 못합니다.

반대로 자세에 얽매이지 않고 테니스를 배우기 시작하면 어떨까요? 그는 정해진 자세를 취하기보다는, 그저 공을 맞히기 위해 온 정신을 쏟을 수 있을 것입니다. 엉성한 자세로 시작했지만, 점점 라켓에 힘이 실립니다. 그렇게 그는 자신에게 가장 자연스러운 자세로 실력을 쌓아갑니다. 그리고 언젠가 공을 잘 치기 위해 수없이 연습한 결과, 어느새 교본에 나온 '정석'이라는 자세로 치고 있다는 사실을 깨달을 것입니다.

사람은 저마다 타고난 본성이 있습니다. 그러니 인생에 불어닥친 비바람을 멈춰 세우는 방법 또한 다양합니다. 그저 비바람이 잦아들기를 기다리거나, 맞바람으로 상쇄시키거나, 그것도 아니면 강력한 햇볕으로 정화할 수 있습니다.

이렇듯 자기 본성을 깨닫는다면 인생에 휘몰아치는 비바람을 멈출 수 있습니다.

들리지 않는 큰 소리를 들어야 한다

진정으로 큰 소리는 들리지 않는다.

大音希聲(대음희성)

-『도덕경』제41장

노자는 『도덕경』 제41장에서 "진정으로 큰 소리는 들리지 않는다"라고 말합니다. 한없이 작아지는 소리가 아닌, 한없이 커지는 소리가 귀에 들어오지 않는다니 참 아이러니합니다. 이처럼 노자는 『도덕경』 곳곳에서 역설의 논리로 세상의 이치를 설명합니다. '유연한 것이 강한 것을 이긴다', '밝은 도는 마치 어두운 듯하다', '가장 깨끗한 것은 마치 때가 낀 듯하다'와 같이 상반되지만, 통합적 사고를 가능하게 하는 역설적 논리는 상황의 이면을 들여다보는 힘이 됩니다.

건강검진 기초 검사 항목 중에는 청력 검사가 있습니다. 헤드셋을 끼고 특정 소리가 들리면 손에 쥔 버튼을 눌러 이상 여부를 확인하며 검사합니다. '삐' 하는 소리가 왼쪽과 오른쪽을 번갈아 가며 나오다 점점 소리의 크기가 작아집니다. 그러다가 한없이 작아진 소리에 어느 순간 버튼을 누르기 망설여지는 때가 옵니다. 소리가 났는지 안 났는지 헷갈리기 때문입니다.

곧이어 들리는 간호사의 "정상입니다"라는 말에 헤드셋을 벗습니다. 그런데 마지막 한 번의 망설임이 찝찝함을 남깁니다. 소리가 났는데 내가 듣지 못한 것인지, 아니면 정말 소리가 나지 않은 것인지. 결과지에는 '청력 정상'이라고 나오지만, 이상하게도 이 의문은 해소되지 않습니다.

그래서 잠시 눈을 감고 조용히 주변의 소리에 집중합니다. 말소리, 키보드 두드리는 소리, 서류 넘기는 소리, 복사기의 기계음, 바람이 건물 벽에 부딪히는 소리 등. 단지 눈을 감았을 뿐인데 그동안 인지하지 못했던 소리가 마구잡이로 귀에 쏟아져 들어옵니다. 순간, 그동안 일상에서 무심히 소리를 흘려보냈다는 생각이 듭니다.

들리지 않지만 소중한 소리

온갖 소리가 섞여 있는 시끄러운 축제장에서도 자기 이름을 부르는 소리는 의외로 잘 들립니다. 이를 '칵테일파티 효과(Cocktail Party Effect)'라고 합니다. 사람은 소음 속에서도 자기에게 의미 있는 소리는 크게 증폭시켜 받아들이고, 불필요한 정보는 음소거해 버리는 것입니다.

하지만 때론 들리지 않는 소리에 소중한 음성이 숨어 있습니다. 부모님의 애정이 담긴 잔소리, 자녀의 사랑스러운 투정, 오래된 친구의 안부 인사 등 우리가 쉽게 흘려보냈던 소리는 사실 소중한 소리였습니다. 이제는 그동안 음소거해둔 그 소리의 볼륨을 높여야 합니다.

무탈하게 흘러가는 일상은 소중한 인연들의 베풂이 있기에 가능한 일입니다. 사람은 어느 것 하나 오롯이 혼자 할 수 없습니다. 자기 힘으로 우뚝 선 것 같아도 주위를 둘러보면 들리지 않는 응원을 보내는 사람이 있습니다. 우리 또한 주변 사람들에게 응원을 보내기도 합니다. 그러니 눈을 감고 소중한 소리를 하나둘 귀에 담도록 노력해야 합니다.

사람의 소리뿐 아니라 자연의 소리도 무심코 흘려보내기 쉽습니다. 누군가 바람을 일으킨 것이 아닙니다. 누군가 비를 내리게 한 것도 아닙니다. 그저 자연의 흐름에 따라 바람이 불고 비가 쏟아집니다. 이렇듯 자연의 소리는 너무나 당연하기에 애써 주워듣지 않습니다.

생명을 살게 하는 것은 자연입니다. 자연이 막힘없이 흘러갈 때 사람도, 꽃도, 산도, 들판도 온전하게 살아갈 수 있습니다. 때때로 창문을 열어 바람 소리를 듣고, 빈틈없이 들려오는 빗소리에 귀 기울입니다. 그리고 지금 나의 삶이 그 소리를 따라 자연스럽게 흘러가고 있는지 생각해 봅니다.

진정으로 큰 소리는 들리지 않는 법입니다. 하지만 들리지 않는 그 소리의 소중함을 깨닫게 될 때, 비로소 자연스럽게 살아갈 수 있습니다. 이제 들리지 않는 소리의 존재를 확신하며 손에 쥔 버튼을 당당히 누릅니다.

삶에서 실천하는 덜어내기

우리는 소중한 사람일수록 온 마음을 다해 응원합니다. 가까운 사람이 실패를 겪으면 우리도 가슴이 아프고, 그가 성공할 때는 함께 기뻐합니다. 그런데 때론 이런 응원이 지나쳐 자기 방식을 상대에게 강요하곤 합니다. "이게 다 너를 위해서 하는 말이야", "그 방식은 효율적이지 못해", "내가 하는 말을 따르렴"이라는 말과 함께 말입니다. 하지만 이런 말은 상대의 귀를 닫게 만들고, 때로는 상처를 주기도 하는 '큰 잔소리'일 뿐입니다.

그렇지만 이런 소리는 사실 노자가 말한 '듣지 못하는 큰 소리'이기도 합니다. 이렇게 우리를 생각해 주는 소리들이 일상을 지탱해 주죠. 피하고 싶은 잔소리가 아닙니다. 그렇다면 오해를 주지 않고, 진정으로 들리지 않는 큰 소리를 내려면 어떻게 해야 할까요? 진정으로 큰 소리를 내고자 한다면 먼저 소중한 사람을 있는 그대로의 모습으로 인정해 줘야 합니다. 그리고 그 사람이 어떤 선택을 내리던 그 선택을 존중하는 자세가 필요합니다. 그러고 나서 내뱉는 한마디는 조용하지만 큰 소리, 즉 노자가 말하는 들리지 않는 큰 소리가 됩니다.

하루는 아이에게 "자기가 가지고 놀았던 장난감은 스스로 정리해야 해"라고 힘주어 말했습니다. 7살 딸아이의 반응은 어땠을까요? 아이는 미움 섞인 서운한 표정을 지었습니다. 물론 다부지게 팔짱을 낀 채로 말입니다.

그래서 방법을 조금 달리 해봤습니다. 아빠인 제가 먼저 물건을 정리하는 모습을 보여주기로 말입니다. 물론 처음에는 "아빠가 사용한 물건이니까 당연히 아빠가 치워야겠지?"라며 약간의 생색을 내긴 했습니다. 그 뒤로는 말없이 딸아이에게 정리하는 모습을 보여주었습니다.

그렇게 한 달쯤 지나자, 딸아이는 자기 방 정도는 말끔하게 정리할 수 있는 어린이로 거듭났습니다. 어쩌면 노자가 말한 '들리지 않는 큰 소리'는 말이 아닌 행동으로 보여주는 가르침인지도 모르겠습니다.

2장

비움이 주는 자유

'채우는 즐거움' 못지않게 '비우는 즐거움'이 필요하다

◆
◇

서른 개의 바큇살이 모여서 하나의 바퀴통을 만들지만
그 텅 빈 공간이 있어서 수레의 쓰임새가 있게 된다.
진흙을 빚어 그릇을 만드나
그 텅 빈 공간이 있어서 그릇의 쓰임새가 있게 된다.
문과 창문을 내어 방을 만들지만
그 텅 빈 공간이 있어서 방의 쓰임새가 있게 된다.
그리하여 유로써 이롭게 하고 무로써 쓸모가 있게 한다.

三十輻共一轂(삼십폭공일곡) 當其無有車之用(당기무유거지용)
埏埴以爲器(연식이위기) 當其無有器之用(당기무유기지용)
鑿戶牖以爲室(착호유이위실) 當其無有室之用(당기무유실지용)
故有之以爲利(고유지이위리) 無之以爲用(무지이위용)

-『도덕경』제11장

노자는 『도덕경』 제11장에서 "바퀴, 그릇, 방이 쓰임을 다하기 위해서는 텅 빈 공간이 있어야 한다"라고 말합니다. 서른 개의 바큇살이 모여 하나의 바퀴를 이루지만, 바퀴통 안이 비어 있어야 온전한 바퀴가 될 수 있습니다. 그릇과 방도 마찬가지입니다. 이미 그 안에 무언가 들어차 있다면 물건을 담고 사람이 머무르는 본래의 기능을 다하지 못합니다.

이어서 노자는 "유로써 이롭게 하고 무로써 쓸모가 있게 한다"라고 말합니다. 형태를 갖추고 쓰임을 다하기 위한 준비는 분명 이로움의 기본입니다. 그런데 이로움이 쓸모가 있으려면 적당히 비어 있어야 합니다. 인생에서 채우는 즐거움 못지않게 비우는 즐거움을 찾아야 하는 이유입니다.

꽤 오랫동안 들여다보지 않은 것은 정리하는 것이 맞습니다. '언젠가 꺼내보겠지' 하는 마음은 미련의 다른 모습일 뿐입니다. 욕망으로 채운 마음이 미련이라는 이름을 달고 어지럽게 쌓여만 가는 것입니다.

뭐든 비워내야 다시 채울 수 있습니다. 하나둘 채우다 보면 어느 순간 적정한 때가 옵니다. 그런데 그 지점을 넘어서면 불편한 마음이 들기 시작합니다. 그러니 채우는 만큼 적정하게 비워내야 합니다.

진정한 가치는 비워야 얻을 수 있다

기둥을 세우고 사면을 가로막은 뒤 문 하나를 내면 방이 됩니다. 그런데 방안에 온갖 짐이 빈틈없이 들어차 있다면 그곳을 '방'이라고 부를 수 있을까요? 발 디딜 틈 없는 공간은 마치 만원 버스처럼 마음이 불편한 곳일 뿐입니다. 방에는 물론 의자, 책상, 침대 등의 가구가 있어야 하지만, 어느 정도의 여유 공간 또한 필요합니다. 때론 계절의 변화에 따라 가구 배치를 바꿀 수도 있어야 하고, 간단한 스트레칭을 할 공간이 있어야 하기 때문입니다.

한 가수가 무대에서 노래하고 있습니다. 아름다운 선율과 감성적인 목소리로 시작한 노래는 중반을 넘어 어느덧 클라이맥스를 향해 갑니다. 그런데 갑자기 노래가 멈추고, 관객들도 숨을 죽입니다. 가수가 숨을 고르기 시작합니다. 몇 초간의 정적이 흐른 뒤, 응축된 감정을 한 번에 터트리며 가수가 클라이맥스를 화려하게 장식합니다.

잠깐의 틈으로 고조된 감정을 비워냈기에, 더 큰 감동을 줄 수 있었습니다. 만약 노래가 멈추지 않고 계속됐다면, 그만큼의 인상을 남기지 못했을 겁니다. 아무리 좋은 것도 채우기만 해서는 진정한 가치를 느낄 수 없는 법입니다.

우리의 삶도 이와 마찬가지입니다. 바쁘게 돌아가는 현대 사회에서는 잠시 숨 쉴 새도 없이 살아가야 합니다. 하지만 과연 이게 맞을까요? 계속 일하기만 해서는 오히려 그 효율이 떨어질 수도 있습니다. 열심히 일을 한 뒤에는, 어느 정도 휴식을 취해야 다시 집중할 수 있습니다. 좀 더 큰 범위에서도 마찬가지입니다. 입시, 졸업, 취업, 이직 등 삶의 한 단계 한 단계를 건널 때마다 조금이라도 여유를 가지면, 그다음 단계에서 더 좋은 출발을 할 수 있을 것입니다.

삶에서 실천하는 덜어내기

물건을 버리지 못해서 집안을 쓰레기장으로 만들어버린 사람들이 있습니다. 일명 '저장 강박증'을 갖고 있다고도 합니다. 신체의 건강 못지않게, 정신 건강의 중요성이 대두되면서 심리적인 문제를 질병으로 다루기도 합니다.

저장하는 것은 쉽지만 버리는 것은 용기가 필요한 일입니다. 버리는 것을 '상실'로 여기는 사람은 무언가를 버리는 것을 두려워합니다. 마치 자기 신체의 일부가 잘려 나가는 듯 불안해하기까지 합니다. 그러니 버리기 위해선 꽤 많은 용기가 필요합니다.

물건이든 감정이든 보내줘야 하는 때가 있습니다. 그때가 바로, 용기를 내야 하는 때입니다. 잡은 손을 놓아버리면 당장이라도 무너져버릴 것 같지만 그렇지 않습니다. 잘 비워낸 공간에는 후회와 연민이 아닌 희망이 들어찰 테니 말입니다.

사랑하는 사람과의 이별은 상상하기 힘든 고통입니다. 그래서 현실을 받아들이지 못하고 행복했던 지난날을 되새기며 살아갑니다. 이제 그 사람을 보내주기 위해 애써 꺼내보지 않았던 감정을 조심스럽게 집어 듭니다. 그리고 용기를 냅니다. 그렇게 잠깐의 정적이 흐른 뒤 홀가분해진 마음에는 어느새 희망이 자리 잡기 시작합니다.

바라는 마음은 비워내야 의미가 있다

굽히면 온전해지고, 구부리면 곧아지며, 패이면 채워지고,
낡으면 새로워지고, 덜어내면 얻어지고, 많으면 미혹된다.
이 때문에 성인은 하나를 품고 이를 통해 세상의 본보기가 된다.
　　曲則全枉則直(곡즉전왕즉직) 窪則盈敝則新(와즉영폐즉신)
少則得多則惑(소즉득다즉혹) 是以聖人抱一爲天下式(시이성인포일위천하식)

- 『도덕경』 제22장

　　『도덕경』 제22장에서 노자가 한 말은 단지 상황의 선후를 정하는 사소한 말처럼 들릴 수도 있지만, 결국 세상 모든 것이 원인이 결과가 되고 결과가 원인이 되는 순환의 고리 속에 있음을 알 수 있습니다. 우리는 무탈한 일상에 변화를 주기를 바라다가도 곧 어지러운 주변을 정리하길 원합니다. 마치 곧은 것에 힘을 가해 구부리고, 이윽고 휘어진 것에 힘을 가해 다시 온전하게 만드는 것처럼 말입니다. 어쩌면 노자는 위의 말을 통해 이리저리 흔들리는 삶은 당연하다고 위로해 주는 것인지도 모르겠습니다.

　　2007년 미국의 비즈니스 잡지 〈포천〉에 한 가지 흥미로

운 기사가 실렸습니다. 7,000명이 넘는 사람을 대상으로 설문조사를 실시한 결과, 자기 실수에 대해 기꺼이 사과하려는 의지를 가진 사람이 사과를 피하거나 거부하려는 사람보다 더 많은 돈을 버는 것으로 나타난 것입니다. 조사 내용을 조금 더 구체적으로 들여다보면, 연 수입 10만 달러인 사람들은 연 수입 2만 5천 달러 이하의 사람들보다 자신의 실수나 잘못에 대해 "미안하다"라고 사과할 의향이 두 배 가까이 높았습니다.

자신을 굽힐 줄 아는 자세는 갈등을 해결하고 상황을 긍정적인 방향으로 풀어가는 강력한 비법입니다. 이는 '굽히면 온전해진다'라는 노자의 말과도 일맥상통합니다. 단지 더 많은 이익을 바라서가 아니라 꼬여버린 관계를 풀기 위해선 자기 잘못을 인정하고 기꺼이 굽힐 줄 알아야 합니다.

비우고 또 비워내라

욕망에 욕망을 더하면 결국 파멸입니다. 끝을 모르고 이어지는 욕망은 만족을 모르고 제 몸집을 한없이 키웁니다. 그렇게 채우기만 하다가는 지금 자신이 소유한 것이 무엇인지조차 알지 못하게 됩니다. 그런데 삶에서 무언가를 바라는 마음을 버리기란 쉬운 일이 아닙니다. 그래서 피어나는 욕망을 무조건 외면하기보다 극단으로 치닫는 마음을 다잡는 것이 중요합니다.

욕망을 다스리기 위해 가장 먼저 해야 할 일은 가진 것을 되돌아보는 일입니다. 분명 쓰임을 다해 이유 없이 공간을 차지하고 있는 무언가가 있을 겁니다. 그것들을 찾아 과감히 정리하는 시간이 필요합니다. 적당히 비워내고 공간을 만들어야 무언가를 바라는 마음이 욕망에 이르지 않습니다.

다음으로는 바라는 것을 손에 쥐는 순간까지도 '필요성'을 의심하는 것입니다. 단순히 '갖고 싶다'라는 마음이 드는 것은 대부분 있어도 그만 없어도 그만인 것들입니다. 한번 생각해 보십시오. 당장이라도 주문해야만 할 것 같은 그 물건이 없는 내일을 말입니다. 아마도 오늘과 별반 다르지 않은 평화로운 날일 것입니다.

만약 무언가를 바라는 마음이 든다면 먼저 품 안의 것을 되돌아보고 정말 필요한 것인지를 생각해 봐야 합니다. 그리고 스스로에게 물어야 합니다. '바라는 그것이 들어설 마음의 공간은 충분한지', '애초에 원하지 않는 것을 바란 것은 아닌지'를 말입니다.

계절이 바뀔 때마다 옷장을 들여다보면, 신기하게도 매번 입을 옷이 없다고 느껴집니다. 그렇다고 해서 옷을 안 사는 것은 아니니, 가진 옷이 별로 없는 것은 분명 아닙니다. 비슷비슷한 옷 사이에 '입을만한 옷'이 없을 뿐입니다.

이럴 때는 먼저 입지 않는 옷을 과감하게 정리해야 합니다. 누구나 입지는 않지만, 아끼는 옷들이 있을 것입니다. 하지만 그 옷들이 정말 필요한지 생각해 보고, 필요하지 않으면 과감히 버리면 됩니다. 그렇게 하면 자연스레 자주 입는 옷만 남을 것이고, 또 그 안에서 눈에 띄는 옷들이 있을 것입니다. 그 옷들이 바로 '입을만한' 옷이 되어줄 것입니다.

삶에서 실천하는 덜어내기

노자는 '성인'을 원인과 결과가 뒤바뀌는 순환의 고리를 벗어나 온전한 하나를 품는 사람이라고 말합니다. 보통 우리는 무언가를 가지기 위해 열심히 일하다가도, 조건 없이 자기가 가진 것을 나누고, 한없이 낮은 자세로 배려하다가도 불같이 화를 내며 다투기도 합니다. 범인인 우리가 노자가 말하는 성인의 경지에 이르기란 쉽지 않아 보입니다.

하지만 단 하나만 지킨다면 가능할지도 모르겠습니다. 제 인생에서 가슴이 벅차오르는 순간들을 떠올리자면, 아이가 태어난 순간, 연인과 백년가약을 맹세한 날, 자기 한계를 넘어섰던 날 등이 있습니다. 가슴에 차오르는 벅찬 기운을 다시금 느낄 수 있습니다. 그 순간에는 무언가를 얻고 잃고, 채우고 비우고, 자존심을 세우고 버리고는 중요하지 않았습니다. 그것은 모든 조건과 입장을 무의미하게 만드는 '사랑'이 있기에 가능했습니다.

노자가 말하는 성인의 경지에 이르는 단 하나의 방법은, 바로 사랑을 품는 것입니다.

열망의 화로대에는 단 하나의 장작만 넣어야 한다

◆
◇

사람이 태어나서 살다가 스스로 죽음에 다가서는 자가 열에 셋이다.
왜 그러한가? 모두 삶에 대한 집착이 너무 강하기 때문이다.

人之生(인지생) 動之死地(동지사지) 亦十有三(역십유삼)
夫何故(부하고) 以其生生之厚(이기생생지후)

- 『도덕경』 제50장

노자는 『도덕경』 제50장에서 "스스로 죽음에 다가서는 자가 열에 셋이다"라고 말합니다. 그리고 그 셋은 모두 삶에 지나치게 집착한다고 지적합니다. 삶에 대한 열정은 인생을 성실히 살아가는 원동력이 되기도 하지만, 지나치면 몸과 마음을 상하게 합니다.

강한 열망은 상실감과 닿아 있습니다. 열렬히 원하는 것을 얻지 못하면 몰아치는 바람에 꺼져버리는 불씨처럼 순식간에 마음이 식어버립니다. 그러니 바라는 마음이 강하면 강할수록 큰 상실감을 느낄 수밖에 없습니다.

가장 기본적인 욕구인 '먹는 행위'를 생각해 봅시다. 먹는 것에 너무 집착하면 어떻게 될까요? 눈앞의 음식을 순식간에 먹어 치우는 것은 물론 숨은 맛집을 찾아다니며 입을 즐겁게 하기 바쁠 겁니다. 그런데 음식을 탐하는 마음이 선을 넘어버리면 몸 안의 세포들이 이상 신호를 보내기 시작합니다. 살이 찌는 것은 물론이고 스스로 질병의 씨앗을 몸 구석구석 뿌리게 되는 것입니다.

머리로는 상황의 심각성을 알지만, 먹는 것에 대한 강한 집착은 어느새 상실감에 대한 방어기제를 펴기 시작합니다. 먹고 싶은 것을 먹지 못하면 우울해지고 심하면 분노의 감정이 이는 것입니다. 이렇듯 단순한 먹는 행위에서도 집착이 강하면 스스로 죽음의 문턱을 향해 한 발 내디디게 되는 것입니다.

크게 타오를수록 크게 식는다

화로대에 불을 지피기 위해서는 장작을 넣어야 합니다. 잘 마른 장작이라도 처음 몇 분간은 그을음만 납니다. 그러다가 점점 불꽃이 커지기 시작하고 화력이 정점에 달합니다. 그때 화로대에서 조금 물러나야 합니다. 그리고 불을 쬐다가 열기가 약해지면 다시 장작 몇 개를 들어 화로대에 던져야 합니다. 그런데 이때 주의해야 할 것이 있습니다. 따뜻함이 덜해졌다는 마음에 너무 많은 장작을 집어넣지 않도록 말입니다. 이미 타고 있는 화로대에는 시차를 두고 장작을 하나씩 넣는 것이 가장 좋습니다. 그것이 적정한 온도를 유지하며 오래도록 불을 지필 수 있는 방법입니다.

지나친 열망은 화로대에 던져 넣는 한 뭉텅이의 장작과도 같습니다. 끝없이 타오를 것처럼 이글거리다가 정점을 지나 차갑게 식어버리는 것이 마치 열망이 상실감으로 변하는 모습을 닮았습니다. 그러니 한번 타오른 열망의 화로대에는 불씨가 꺼지지 않도록 장작 하나만을 넣는 지혜가 필요합니다. 그것이 지나치지도 모자라지도 않게 인생을 온전하게 살아내는 방법입니다.

우리가 느끼는 감정도 마찬가지입니다. 지나치게 끓어오르면 얼마 안 가 차갑게 식어버립니다. 연애를 막 시작한 사람의 가슴에는 뜨거운 용광로가 자리 잡고 있습니다. 활활 타오르다 못해 뭐든 녹여버릴 기세로 사랑의 감정을 표현합니다. 그런데 한 달 두 달 시간이 흐르면서 그 마음은 조금씩 사그라들기 마련입니다. 그래서 전과 같지 않은 연인의 마음에 서운함을 느끼고 더 이상 자신을 사랑하지 않는다는 생각에 이릅니다.

연애를 오래도록 이어가기 위해서는 큰 불꽃이 아닌 은은하게 타오르는 작은 불꽃이 좋습니다. 혹시 지금 변해버린 연인의 모습에 가슴 아파하고 있다면 마음의 화로대를 살펴봐야 합니다. 아직 불씨가 남아 있다면 장작 하나를 들어 그

속에 집어넣습니다. 관계를 끝내기로 마음먹은 것이 아니라면 사랑의 온도를 적당하게 유지하려는 노력이 필요합니다.

삶에서 실천하는 덜어내기

첫 책의 출간 계약을 마쳤을 때 제 마음은 누구보다 들떴습니다. 그리고 그 마음을 안고 퇴고 작업에도 열심히 몰두했습니다. 한동안 쉬지도 않았습니다. 지금 생각해 보면 잠도 자지 않은 것 같습니다. 꿈에서도 퇴고하고 있을 정도였으니 말입니다.

그렇게 며칠을 과몰입한 결과, 눈알에 핏줄이 터져버렸습니다. 어린 딸아이가 아빠가 괴물이 됐다며 놀려댔습니다. 처음에는 걱정해 주던 아내도 제 빨간 눈동자를 보며 작업 중지 명령을 내렸습니다.

"뭐든 적당히 하라"라는 말은 현실에 안주하라는 뜻 같지만, 적당히 해야 오래 할 수 있고 오래 해야 성공할 수 있다는 의미를 담고 있습니다. 꾸준히 하는 것이야말로 성공으로 가는 유일한 길이니 말입니다. 지금 무언가에 푹 빠져 있다면 자신을 한번 점검해 봐야 합니다. 자신의 한계를 넘어 과몰입하고 있지는 않은지를. 몸과 마음에 이상 신호가 찾아오기 전에 삶의 균형을 찾아야 합니다.

"나도 쉼이 필요해. 나도 쉼이 필요해." 아이가 즐겨 부르는 동요의 가사입니다. 어린아이에게도 쉼이 필요하다고 하니, 머릿속이 더 복잡한 어른들은 말할 것도 없습니다. 뭐든 과함을 요구하는 시대입니다. 사실 대부분의 일들은 조금 천천히 해도 결과가 크게 달라지지 않습니다. 혹시 별다른 일정이 없는데도 마감이 있는 것처럼 자신을 몰아세우고 있지는 않나요? 만약 그렇다면 당신은 노자가 말한 죽음을 향해 걸어가는 세 사람 중 한 명일 겁니다. 그러니 하루빨리 그 걸음을 멈추고 자신을 되돌아보길 바랍니다.

애써 확장하지 않으려는 마음으로 세상을 넓혀간다

세상이 도를 따르면 말을 멈추게 하여
그 말의 거름으로 땅을 비옥하게 한다.
세상이 도를 저버리면 전쟁에 끌려간 말이 성 밖에서 새끼를 낳는다.
화로 말하면 족할 줄 모르는 것보다 더 큰 것이 없고,
허물로 치면 갖고자 하는 욕심보다 더 큰 것이 없다.
그러므로 지족하는 사람은 영원히 만족한다.

天下有道却走馬以糞(천하유도각주마이분)
天下無道戎馬生於郊(천하무도융마생어교) 禍莫大於不知足(화막대어부지족)
咎莫大於欲得(구막대어욕득) 故知足之足常足矣(고지족지족상족의)

-『도덕경』제46장

　　노자는 『도덕경』 제46장에서 "세상이 도를 따르면 말은 초원을 뛰놀며 땅을 비옥하게 하지만, 세상이 도를 저버리면 말은 전쟁터로 끌려 나가 생을 보내게 된다"라고 말합니다. 그리고 이어서 화를 부르는 것도, 허물을 뒤집어쓰는 것도 만족할 줄 모르기 때문이라고 강조합니다. 이 장에서 노자가 말한 도를 따르는 삶이란 '욕망을 버리고 만족할 줄 아는 삶'인 것입니다.

　　극단적인 예로, 전쟁은 욕망의 집합체입니다. 영토와 자원을 빼앗기 위해, 이념을 강요하기 위해, 아니면 단순히 힘을

자랑하기 위해 벌이는 것이 전쟁입니다. 욕망을 멈추지 못하는 자의 말로는 전쟁터 한복판에 내던져진 말과 같습니다. 장수를 등에 태우고 적진을 향해 내달려 고지를 점령하지만 기쁨은 잠시뿐, 곧 매복해 있던 적의 창에 찔려 쓰러지고 맙니다.

만족은 멀리 있지 않다

'파랑새 증후군'은 동화 『파랑새』에서 유래됐습니다. 이 증후군은 동화 속 어린 남매가 집에서 기르던 비둘기가 파랑새라는 사실을 알지 못한 채 여행을 떠나는 것을 비유해, '현실에 만족하지 않고 새로운 이상을 좇는 증상'을 뜻합니다.

파랑새는 따라가야 할 특별한 것으로 보이지만 사실 특별하지 않습니다. 설령 파랑새가 손안에 있더라도 우리는 영롱한 푸른빛을 제대로 보지 못합니다. 손의 감촉만으로 새의 존재를 확인할 뿐, 애써 고개를 돌려 깃털의 빛깔을 확인하지 않기 때문입니다. 만족은 멀리 있지 않습니다. 그동안 시선이 머물지 않던 곳으로 고개를 돌리는 것만으로 만족이라는 파랑새를 찾을 수 있습니다.

그런데 '현재에 만족하는 삶'은 시시각각 변하는 요즘 시대와 동떨어진 이상주의로 여겨지기도 합니다. 하지만 이는 하나라도 더 배우고 익혀야 치열한 경쟁에서 살아남을 수 있다는 생각에서 비롯된 착각입니다.

무분별하게 확장해 나가는 일상은 잔뿌리만 가득한 빈약

한 삶입니다. 일 년 전, 당신은 어떤 취미에 몰두하고 있었나요? 현재도 그 취미를 즐기고 있나요? 요즘은 일 년 내내 한 가지 취미를 붙잡고 있는 사람을 찾기 힘듭니다. 그런 사람은 오히려 지루하고 따분하다고 여깁니다. 현재에 만족하지 못할수록 새로운 것을 찾아 헤매고, 그렇게 무분별하게 확장된 삶에는 깊이가 없습니다. 그럴 땐 애써 확장하지 않으려는 마음으로 살아갑니다. 삶에 깊이를 더하기 위해서 말입니다. 자기 삶에 만족하려면 뭔가를 더 하는 것이 아닌, 지금 하고 있는 일에 집중해야 합니다.

장사가 잘되던 식당이 망하는 경우는 크게 두 가지입니다. 첫 번째는 초창기와는 달리 좋지 않은 재료를 사용하고 음식값을 높여 손님들이 외면하는 경우입니다. 또 다른 경우는 몰려드는 손님을 한 명이라도 더 받기 위해 식당을 확장하고 분점을 내는 바람에 관리가 제대로 되지 않는 경우입니다. 두 경우 모두 현재에 만족하지 못하고 욕심을 부린 결과입니다. 만족을 모르면, 결국 손안의 것을 놓치고 맙니다.

인생도 식당을 운영하는 것과 똑같습니다. 때론 손님이 없어 하릴없이 시간을 보내야 할 수도 있습니다. 또 어떤 때에는 몰려드는 손님에 문전성시를 이루기도 할 테지요. 한가할 때 새로운 무언가를 찾아 나서기보다 메뉴를 개발하고 보완하는 데 시간을 쏟는 것이 좋습니다. 문전성시를 이룰 땐 들뜬 기분을 가라앉히고, 가게 문 앞에 '금일 재료 소진으로 영업을 종료합니다'라는 문구를 붙이며 무리하지 않는 것이 좋습니다.

인생은 불완전하기에 항상 만족할 순 없지만, 만족하려는 '노력'은 할 수 있습니다. 그 노력이 당신의 인생 식당을 오래도록 손님이 찾는 '맛집'으로 만들어 줄 겁니다.

삶에서 실천하는 덜어내기

캠핑의 인기는 여전합니다. 어린 시절, 부모님과 함께 산과 계곡을 다녔던 기억이 생생한데 이제는 딸아이의 손을 잡고 여행을 떠납니다. 누군가 "캠핑에서 장비 욕심부리면 끝이 없다"라는 충고 아닌 충고를 해준 적이 있습니다. 이제 와서 방 한 칸을 가득 채운 캠핑용품을 보고 있자니, 그 조언을 새겨듣지 않은 것이 후회됩니다. 그런데 마음을 다잡아도 캠핑의 계절이 다가오면 장비에 대한 욕심이 되살아납니다. 누군가의 베이지색 가스버너가, 거센 비바람에도 끄떡없을 것 같은 신형 텐트가, 심지어 설거지할 수 있는 간이 수전까지. 욕심은 끝을 모르고 이어집니다.

잠시 눈을 감고 캠핑을 시작한 이유를 되새깁니다. 제가 캠핑을 시작한 이유는, 하루가 다르게 커가는 아이와의 소중한 추억을 만들기 위함이었다는 것을 다시 깨닫습니다. 그렇게 초심을 되찾자, 불편한 것 하나 없는 현재에 만족하게 됩니다. 그리고 가벼운 여행을 위해 어지럽게 쌓여있는 짐을 하나둘 덜어내기 시작합니다.

억지힘을 빼고 애써 잡지 않는다

억지로 하려고 하면 반드시 실패하고, 잡으려고 하면 반드시 잃는다.

爲者敗之(위자패지) 執者失之(집자실지)

- 『도덕경』 제64장

『도덕경』 제64장에서 노자는 "억지로 하려고 하면 반드시 실패하고, 잡으려고 하면 반드시 잃는다"라고 말하며 다시 한번 무위를 강조합니다. 꼬인 실타래를 힘으로 잡아당기면 결국 실 한 가닥도 제대로 뽑아낼 수 없습니다. 어지럽게 얽히고설킨 실타래를 풀기 위해선 최대한 손에 힘을 빼야 합니다. 억지로 풀려고 하다가는 실오라기들이 뒤엉켜 결국 가위로 끊어내야 합니다. 유연한 손놀림으로 실이 지나는 길을 살피는 것만이 꼬인 매듭을 풀 수 있는 유일한 방법입니다.

이러한 이치는 눈에 보이는 실질의 세계에서뿐 아니라 마음속 감정을 다스릴 때도 마찬가지로 적용됩니다. 소중한 사람과의 이별을 가정해 봅시다. 존재의 상실 앞에서 아무리

초연하려 해도 주체할 수 없는 슬픔에 무너지곤 합니다. 이때 이리저리 흔들리는 마음을 다잡으려면 어떻게 해야 할까요? 스스로 다그치며 억지힘을 내야 할까요? 절대 아닙니다.

그럴 때 감정의 선이 뻗어나가는 대로 자연스럽게 두어야 합니다. 그리고 슬픔이 지나는 길을 잘 기억해 두었다가 그 자국을 되짚어 천천히 돌아오는 것입니다. 마치 얽힌 실타래를 조심스럽게 역으로 풀어내듯 말입니다. 노자의 말처럼 감정도 억지로 다스리려고 하면 꼬일 대로 꼬여버려 온전한 마음으로 살 수 없게 됩니다.

잡으려고 하지 않아야 얻을 수 있다

사람이든 마음이든 한번 떠난 것은 쉽게 돌아오지 않습니다. 자신도 되돌릴 수 없다는 것을 잘 알지만 그 사실을 인정하는 과정은 크나큰 고통입니다. 미련이 남아 떠난 마음을 붙잡으려고 하면 그나마 남아 있던 좋은 감정마저 사라지게 됩니다.

"잡으려고 하면 반드시 잃는다."

노자의 이 말은 '잡으려고 하지 않아야 얻을 수 있다'라고 바꿔서 생각해 볼 수 있습니다. 떠난 마음을 되돌릴 방법은 '붙잡지 않을 다짐'뿐입니다. 뒤돌아선 그 사람이 스스로 발길을 돌리지 않는 이상 멀어지는 마음을 붙잡을 수 없습니다.

억지로 하면 실패하고, 붙잡으려 하면 잃게 되는 이치는 무위자연의 삶을 살고자 했던 노자에게는 너무나도 당연한 진리였습니다. 자연은 억지를 부리지 않기에 흐름을 거스르려는 자에게 힘을 실어주지 않습니다.

혹시 나아가는 걸음이 무겁다면 불어오는 바람을 맞대고 서 있지는 않은지 살펴야 합니다. 마찬가지로 혹시 마음을 나누던 사람과 멀어지고 있다면 관계의 끈을 억지로 붙잡고 있지는 않은지 살펴야 합니다.

인생이 잘 풀리지 않는다는 생각이 든다면, 복잡하게 얽힌 실타래를 떠올려보세요. 그리고 잠시 숨을 고른 뒤 한 가닥의 실이 어디로 지나고 있는지 천천히 살펴보세요. 그러면 곧 깨닫게 됩니다. 단단히 뭉쳐 있는 실뭉치도 풀어내는 해법이 있다는 사실을 말입니다. 억지로 하지 않는 그 마음이, 애써 잡으려고 하지 않는 그 마음이 복잡한 인생을 풀어내는 비법입니다.

삶에서 실천하는 덜어내기

요즘 사람들은 먹고 숨 쉬고 자는 것 외에도, 다양한 관심거리가 많습니다. 때론 인간에게 전혀 필요하지 않은 분야에서마저 새로운 무언가를 찾기도 합니다. 어찌 보면 인간의 욕심이 불필요한 관심거리를 스스로 조달하고 있는 것입니다.

이런 시대일수록 새로운 자극에 조금은 무관심할 필요가 있습니다. 꼭 더 맛있는 음식, 더 짜릿한 유흥거리, 더 재밌는 영상을 찾아 나서야 하는 것은 아닙니다. 일단 하루만이라도 새로운 자극에 무관심하게 살면 어떨까요? 그리고 무관심으로 보낸 하루의 끝에서 '나의 오늘 하루는 어떠했는가?' 생각해 보면 어떨까요? 그렇다면 새로운 자극 없이도 하루하루가 얼마나 소중한지 느껴질 것입니다.

억지를 부리고 애써 잡으려 하는 삶에서 한 걸음 물러서면, 공허했던 마음에 한 줄기 빛이 들어설 것입니다. 그렇게 자연스러움을 되찾고 삶의 진짜 성공, 진짜 얻음의 의미를 깨달을 수 있습니다.

우스갯소리로, 만원 지하철에 올라탔을 때 가장 두려운 순간은 바로 '깜빡하고 스마트폰을 가져오지 않은 순간'이라는 이야기가 있습니다. 초 단위로 콘텐츠를 소비하는 습관은 아무것도 하지 않는 것을 '두려운 일'로 만들어버렸습니다. 누군가 추천해 주는 영상을 생각 없이 바라보기만 해서는 일상을 주체적으로 살아갈 수 없습니다.

오늘 하루만이라도 지하철에서 스마트폰을 보는 대신 생각을 정리하는 시간을 가져보세요. 특별한 고민거리가 없다면 머릿속으로 저녁 식단을 짜보는 것도 좋습니다. 아마도 그날 저녁 식사 시간은 그저 한 끼 때우기 바빴던 여느 날과는 다를 게 분명합니다. 스마트폰으로 저녁 메뉴를 검색하고 추천 영상을 보는 것만으로는 일상이 바뀌지 않습니다. 눈을 감고 스스로 생각할 수 있어야 바라던 일을 이룰 수 있습니다.

진짜 화려함은 보이는 것이 아니다

◆
◇

다섯 가지 색깔은 사람의 눈을 멀게 하고,
다섯 가지 소리는 사람의 귀를 먹게 하며,
다섯 가지 맛은 사람의 입맛을 잃게 한다.

五色令人目盲(오색영인목맹) 五音令人耳聾(오음영인이롱)
五味令人口爽(오미영인구상)

- 『도덕경』 제12장

    노자는 『도덕경』 제12장에서 사람의 감각을 혼란하게 만드는 다섯 가지 색깔, 다섯 가지 소리, 그리고 다섯 가지 맛을 이야기합니다. 여기서 오색(五色), 오음(五音), 오미(五味)란 금은보화나 화려한 장신구, 고풍스러운 음악, 산해진미와 같은 사람의 욕망을 자극하는 일체를 상징합니다. 이어서 노자는 "성인은 이러한 외적인 요인을 멀리하고 다만 자기 배를 위한다"라고 덧붙입니다. 이는 눈과 귀와 입을 현혹하는 것들을 멀리하고 좀 더 본질적인 것에 집중하라는 의미입니다.

    '보기 좋은 떡이 맛도 좋다'라는 속담은 접시에 떡을 어떻게 담아내느냐에 따라 느껴지는 맛이 달라진다는 뜻입니다. 이처럼 외적인 요소는 사람의 감각에 영향을 미쳐서 현실을 부정하게 하기도, 더 큰 즐거움을 느끼게도 합니다.

마케팅에 있어서 제1의 원칙은 '사람의 눈길을 사로잡는 것'입니다. 아무리 좋은 제품이더라도 사람의 관심을 얻지 못하면 먼지를 뒤집어쓴 채 방치되다가 결국 폐기됩니다. 그래서 쓰임을 다하기 위해선 일단 사람의 눈에 드는 것이 먼저입니다. 그런데 화려한 외형에 이끌려 집어 든 물건은 제 기능을 다하지 못하는 경우가 대부분입니다. 부실한 내면을 포장하기 위해 겉모습을 가꾸는 사람처럼 말입니다.

마음의 거울을 자주 들여다보는 것

틈만 나면 거울을 보는 사람이 있습니다. 그런 사람은 손만 뻗으면 닿을 거리에 거울을 놓아두고 수시로 외모를 정비합니다. 배우나 모델 같이 외모를 단장해야 하는 직업을 가진 것이 아니라면, 꼭 일상에서 거울을 많이 볼 필요는 없습니다.

인간은 물건이 아니기에 외모로 상대의 눈길을 끌 필요가 없습니다. 잘난 외모지만 말이 통하지 않는 사람 곁에는 아무도 머물지 않습니다. 함께 일하고 싶은 사람, 마음을 나누고 싶은 사람은 화려한 겉모습이 아닌 다정한 마음을 지닌 사람이라는 것을 알아야 합니다.

명경지수(明鏡止水)는 '밝은 거울과 정지된 물'을 뜻하는 고사성어로, 고요하고 깨끗한 마음을 가리킵니다. 흐르는 물에는 얼굴을 비춰볼 수 없는 법입니다. 겉모습을 치장하기 위해 집어 든 거울을 내려놓고 마음의 거울을 들여다보십시오. 만약 거울 속 자기 모습이 어지럽게 일그러져 보인다면, 마음의 거울을 고요한 상태로 만들어야 합니다. 그렇게 수시로 마음을 들여다보고 내면을 단장해야 안으로부터 빛나는 사람이 될 수 있습니다.

『장자』「변무」편에는 이런 이야기가 나옵니다.
"내가 말하고자 하는 귀 밝다는 것은 자기 밖을 듣는 것이 아니라 자기 내부의 소리를 듣는 것을 말하는 것이요, 내가 말하고자 하는 눈 밝다는 것은 자기 밖을 보는 것이 아니라 자기 내부의 본성을 보는 것을 말하는 것이다."
그렇습니다. 밝은 귀와 밝은 눈으로 바라봐야 할 것은 화려한 외형이 아니라 고요하고 밝은 자기 마음입니다.

블라인드 면접은 지원자들의 출신지, 학교, 성별, 나이와 같은 정보에 의존하지 않고 직무 역량과 능력을 평가하는 면접 방식입니다. 이는 채용 과정에서 면접관들의 눈과 귀를 현혹하는 요소들을 사전에 차단하려는 데 목적이 있습니다. 회사들은 '공부 머리'와 '일머리'가 다르다는 것을 익히 알고 있는 것입니다.
이름있는 학교를 나오지 않았더라도, 나이가 조금 많더

라도, 관련 분야를 전공하지 않았더라도 괜찮습니다. 열과 성을 다해 실력을 쌓는다면 낭중지추(囊中之錐), 주머니 속 송곳처럼 빛을 발하는 때가 반드시 옵니다. 그런 사람은 블라인드 면접처럼 눈에 보이는 요소를 가리면 가릴수록 진가를 드러내는 법입니다.

삶에서 실천하는 덜어내기

같은 물체라도 단일한 색으로 채워진 물체의 형태가 더욱 또렷합니다. 화려한 색의 무수한 조합이 때론 전체의 모습을 일그러뜨리기 때문입니다. 그래서 어떤 공간을 여러 가지 색이 아닌 단일한 색으로 채웠을 때 그 모습을 좀 더 명확히 알 수 있습니다. 아이러니하게도, 형형색색의 모습을 하고 뽐내는 것이 온전한 하나의 색채를 이루는 것에 미치지 못하는 것입니다.

아이와 한 행사장에 들렀다가 공예품을 만들어볼 기회가 있었습니다. 다양한 색깔의 실을 사용해 네잎클로버를 만드는 체험이었습니다. 머릿속으로 이런저런 색을 조합해 본 뒤 아이와 함께 본격적인 체험을 시작했습니다. 그런데 네잎클로버의 잎사귀가 하나 둘 완성되어 가자, 점점 '이게 아닌데?'라는 생각이 들었습니다. 잠시 뒤 눈앞에는 네잎클로버가 아닌 온갖 색이 어지럽게 뒤엉킨 실뭉치가 나타났습니다. 반면, 아이의 네잎클로버는 노란빛을 머금은 채 작은 손안에서 완성되어 가고 있었습니다. 체험 시작 전,

한 가지 색으로만 네잎클로버를 만들겠다며 자신만만해하던 아이는 자기 작품과 나의 실뭉치를 비교하더니 더 의기양양이었습니다.

때론 일상을 단색으로 채우고 싶은 마음이 들기 마련입니다. 알록달록 화려함에 눈길을 뺏기다가도, 단 하나의 초록색으로 드넓게 펼쳐진 초원처럼 내 삶의 색을 한 가지로 채우고 싶습니다. 그렇게 또렷한 형체를 얻으면 인생이 조금은 더 단단해집니다.

이익을 좇는 마음은 아래로 전해진다

임금이 욕심을 버리면 백성들은 저절로 순박해진다.
我無欲而民自樸(아무욕이민자박)
-『도덕경』제57장

 노자는 『도덕경』 제57장에서 "임금이 욕심을 버리면 백성들은 저절로 순박해진다"라고 말합니다. 무위로 나라를 다스려야 한다고 주장한 노자는 백성의 마음을 어지럽히는 욕심이야말로 가장 멀리해야 할 유위라고 본 것입니다.
 『도덕경』 제57장의 말을 반대로 해석하면 '임금이 이익을 좇으면 그 마음 또한 여지없이 백성들에게 전해진다'입니다. 이익을 탐닉하는 부덕한 마음은 위에서 아래로 전해지는 법입니다. 『맹자』 「양혜왕 상(上)」 편에도 이와 같은 가르침을 주는 이야기가 나옵니다. 어느 날 맹자가 양혜왕에게 말했습니다.
 "임금께서 어떻게 내 나라만을 이롭게 할지를 고심하신

다면, 제후나 대부들도 어떻게 내 집안만 이롭게 할지를 고심하게 될 것이고, 이어 선비나 백성들도 어떻게 나 자신만을 이롭게 할지를 고심하게 될 것입니다."

맹자는 자기 나라의 이익만을 좇는 양혜왕에게 뼈 있는 말을 던졌습니다. 왕에서부터 신하, 그리고 백성들까지 오로지 눈앞의 이익을 좇고 인의를 등한시한다면 나라는 어떻게 될까요? 결말은 불을 보듯 뻔합니다. 강력한 나라를 만들고자 했던 그 마음이 결국은 나라를 파국으로 이끄는 것입니다.

욕심을 버리면 부족함이 없다

우리가 무심코 하는 행동들은 생각보다 주변의 영향을 많이 받습니다.

한 회사의 사장이 영업이익에 눈이 멀어 불법을 자행한다고 가정해 봅시다. 그런 사장 밑에서 일하는 직원들은 '돈만 되면 법도 무시할 수 있다'라는 마음을 자기도 모르게 품게 됩니다. 결국 눈앞의 이익만을 좇게 된 직원들은 회삿돈을 유용하고, 경쟁회사에 영업비밀을 팔아넘기게 되는 것입니다.

더 나은 인생을 살고자 한다면 이익을 좇는 마음을 버려야 합니다. 그렇다고 항상 손해 보는 선택을 하라는 말이 아닙니다. 모든 상황에서 손익을 따지고 오로지 돈이 되는 일만 하지 말라는 이야기입니다. 자신만을 위한 행동은 주변에 선한 영향력을 미치기 어렵습니다. 결국 스스로 뿌린 부덕한 마음이 자신을 불행의 늪에 빠지게 만드는 것입니다.

인생에서 진정한 얻음은 부와 명예를 구하는 것이 아닙니다. 사랑을 나누고 그것을 실천하려는 굳은 마음을 지닐 때 구하지 않아도 저절로 얻어지는 것입니다. 그렇게 쌓아 올린 인생에는 더 이상 부족함이 없게 됩니다.

삶에서 실천하는 덜어내기

긍정의 기운을 풍기는 사람이 있습니다. 그런 분위기는 굳이 말로 표현하지 않아도 마음에서 마음으로 전해집니다. 그런데 이익만을 탐해서는 주변에 좋은 기운을 전하기가 어렵습니다. 때론 자기 손안의 것을 나누고, 한 발 뒤로 물러서 양보할 줄 알아야 합니다. 11월 11일을 '가래떡 데이'라고 지정해 특별한 행사를 진행하는 지역이 있습니다. 111미터짜리 가래떡을 뽑고 참여한 사람들에게 가래떡을 나눠주는 행사인데 때론 웃지 못할 일이 생기기도 합니다.

길게 이어진 테이블 양옆으로 사람들이 늘어서서 뽑아져 나오는 가래떡을 조금씩 옆으로 옮깁니다. 김이 나는 따끈한 가래떡은 고소한 향이 그대로 전해질 정도로 먹음직스럽습니다. 그런데 가래떡이 모두 뽑아져 나오기도 전에 누군가가 손을 뻗어 가래떡을 한 움큼 쥐어뜯습니다. 그러자 너 나 할 것 없이 가래떡을 뜯어서 챙기기 시작합니다. 행사장은 순식간에 아수라장이 되고 맙니다. 욕심의 불씨가 번져나가 사람들을 집어삼켜 버린 것입니다. 뒤늦게 정신을 차린 사람들은 주머니 속에 욱여넣은 가래떡이 한 사람이 다 먹지도 못할 만큼 많다는 것을 깨달았습니다.

생각 없이 살다가는 옆 사람의 욕심이 나에게로 전해집니다. 그리고 자기 마음에 피어난 욕심은 또 다른 누군가에게로 전해집니다. 그렇게 끝을 모르고 번지는 욕심은 결국 다 먹지도 못할 가래떡을 한가득 챙기게 만듭니다. 만약 무언가를 갖고 싶다는 마음이 든다면, 혹시 그 마음이 누군가로부터 번진 욕심은 아닌지 잘 들여다봐야 합니다.

손에 쥘 가래떡은 내가 먹을 만큼의 양, 그 정도가 딱 좋습니다.

절대적 불행도, 절대적 행복도 없다

◆
◇

화(禍)는 복(福)에 의지해 일어나고, 복에는 화가 잠재되어 있다.
禍兮福之所倚(화혜복지소의) 福兮禍之所伏(복혜화지소복)
- 『도덕경』 제58장

    노자는 『도덕경』 제58장에서 "화(禍)는 복(福)에 의지해 일어나고, 복에는 화가 잠재되어 있다"라고 말합니다. 세상에서 고정불변한 것은 없습니다. 거칠게 쏟아지던 소나기가 그치면 맑은 하늘이 드러나고, 겨울이 지나 봄이 오면 새싹이 돋아납니다. 사람의 인생도 마찬가지입니다. 소중한 인연을 떠나보낸 슬픔은 어느새 새로운 사랑으로 채워집니다. 출근길 교차로에서 마주친 빨간 신호 덕분에 몇십 미터 앞의 사고를 피할 수도 있습니다.
    노자는 '아름다움은 추함이 있기에 존재하고 긴 것은 짧은 것에 빗대어 존재하며 높은 것은 낮은 것이 있기에 존재한다'라고 보았습니다. 화와 복도 이와 같은 이치인 것입니다.

그러니 한 사람의 삶에는 절대적 불행도, 절대적 행복도 없다는 것을 깨달아야 합니다.

예전에 TV에서 이런 내용의 프로그램이 나왔습니다. 가난한 젊은 남자가 있었습니다. 제대로 먹고 자고 입지 못했던 그는 악착같이 돈을 모으기 시작했습니다. 그의 소원은 오로지 부자가 되는 것이었습니다. 돈만 있으면 지금의 고통은 모두 사라지리라고 생각했습니다. 시간이 지나 어느 정도 돈이 모이자, 그는 작은 식당 하나를 열었습니다.

남자는 식당을 성실하게 운영했습니다. 새로운 메뉴를 개발하고 손님들의 작은 의견에도 귀 기울였습니다. 그렇게 조금씩 입소문을 타기 시작하자 식당에는 손님이 넘쳐났습니다. 남자는 늘어나는 수입에 행복했습니다. 가난했던 젊은 날의 고통을 온전하게 보상받는 기분이었습니다. 몇 달, 몇 년이 지나도 식당은 손님들로 북적였습니다. 남자는 하루도 쉬지 않고 식당 일에 매달렸습니다. 열심히 일하는 만큼 통장에는 돈이 쌓여갔습니다. 그런데 남자의 행복은 그리 오래가지 않았습니다. 너무 열심히 일하던 그는 그만 뇌출혈로 쓰러지고 말았던 것입니다.

젊은 시절 남자는 가난해서 고통스러웠습니다. 운영하던 식당이 잘될 때는 더할 나위 없이 행복했습니다. 그리고 몸이 상한 뒤 또다시 불행해졌습니다. 이렇듯 인생에는 불행과 행복이 공존합니다. 그래서 우리는 '인생지사 새옹지마(人生之事 塞翁之馬)', 말을 얻고 잃음에 일희일비하지 않는 노인의 지혜를 배워야 합니다.

행복과 불행은 동전의 양면

프리랜서는 한 직장에 매여있지 않아 자유롭습니다. 남들이 발 디딜 틈 없이 복잡한 지하철을 타고 출근할 때 브런치 카페에 들러 여유를 즐길 수 있습니다. 하지만 고정된 수입이 없어서 수시로 통장 잔액을 확인하며 일거리를 찾아 나서야 합니다. 자유로워서 행복하지만, 자유로워서 불행합니다. 이처럼 행복과 불행은 동전의 양면과도 같습니다. 동전이라는 하나의 상황을 두고 앞면과 뒷면을 오가며 행복이 불행으로, 불행이 행복으로 바뀌는 것입니다.

처음 이야기에서 남자는 불행이 행복으로, 행복이 불행으로 바뀌는 삶을 경험했습니다. 그런데 사실 남자에겐 모든 순간 행복과 불행이 함께했습니다. 상황마다 동전을 어떤 면으로 두는지에 따라 삶은 행복이 되기도 하고 불행이 되기도 하는 것입니다.

다시 이야기 속 남자의 일생을 되돌아봅니다. 젊은 날 남자는 돈이 없어서 불행했지만, 높은 산도 단숨에 오를 수 있을 만큼 건강해서 행복했습니다. 장사가 잘될 땐 많은 돈을 만질 수 있어서 행복했지만, 주변의 소중한 사람을 챙길 수 없어서 불행했습니다. 힘든 재활치료를 이어갈 땐 예전의 모습으로 돌아가지 못할 거라는 불안감에 고통스러웠지만, 생애 처음으로 가족과 진솔한 대화를 나눌 수 있어서 행복했습니다.

고통으로 점철된 불행한 삶에도 반드시 행복이 있습니다. 불행을 행복으로 바꾸는 일은 엄지와 검지를 들어 동전을 뒤집는 일입니다. 동전을 절대로 뒤집을 수 없다고 여기는 마음이 가벼운 동전을 천근처럼 느껴지게 만드는 것입니다. 당신의 행복과 불행이 새겨진 동전은 자기 의지로 언제든 뒤집을 수 있음을 깨달아야 합니다.

그렇습니다. 자기 손에 쥐어진 동전을 뒤집을 수 있는 사람은 오로지 자신 뿐입니다.

삶에서 실천하는 덜어내기

2020년부터 유행하기 시작한 코로나 바이러스는 한동안 우리의 일상을 바꿔버렸습니다. 국가 정책으로 거리두기가 시행되면서 크고 작은 모임이 사라지고 각종 행사 또한 개최되지 못했습니다. 우울증, 불안장애, 무기력감, 불면증에 시달리는 사람들이 늘어나면서 '코로나 블루'라는 신조어까지 생겨났습니다. 일상 곳곳에서 행복보다 불행을 찾기가 쉬워진 것입니다.

그런데 모임이 사라지고 회식이 줄다 보니 자연스럽게 가족과 함께하는 시간이 많아졌습니다. 부모님, 아내, 그리고 딸아이의 새로운 모습을 알아가는 날들이 이어졌습니다. 그들의 웃는 표정을 오래도록 지켜보고, 그들이 좋아하는 것을 함께 하고, 그들의 고민에 귀 기울이며 진짜 가족이 되어갔습니다. 일상의 행복을 바깥에서 찾으려 했던 지난날에는 느껴보지 못한 기쁨이었습니다. 맞습니다. 코로나라는 동전에도 행복과 불행이 함께 있었습니다.

이제 그 어떤 불행이 찾아와도 행복을 찾으려는 마음을 놓지 않기로 다짐해 봅시다. 그런 의지가 불행과 행복이라는 동전의 양면 중 언제든 행복의 면을 마주하게 해줄 테니 말입니다.

사심을 버릴 때 소중한 인연이 머문다

사사로운 마음을 앞세우지 않기에 능히 자신을 이룰 수 있다.
非以其無私邪(비이기무사사) 故能成其私(고능성기사)
- 『도덕경』 제7장

『도덕경』 제7장에서 노자는 "사심을 내세우지 않아야 자신을 이룰 수 있다"라고 말합니다. 이는 『도덕경』 전반을 아우르는 역설의 논리이기도 합니다. 사사로움을 치열하게 드러내야 성공에 한 발짝 더 다가설 수 있을 것 같은데, 노자는 오히려 사심을 버리라고 말합니다.

그런데 사심을 채우지 않기로 마음먹으면 손해 보는 일이 많습니다. 한정된 재화를 나눠 가져야 하는 상황에서 자기에게 돌아올 몫을 생각하지 않는 것은 어리석은 일입니다. 더군다나 눈에 보이지 않는 경쟁자와도 쉴 새 없이 다퉈야 하는 요즘 같은 시대엔 더더욱 그렇습니다. 그래서 남을 챙기느라 손해 보는 사람을 '세상 물정 모르는 어리숙한 사람'으로 치부

합니다.

가진 것을 움켜쥐고 놓지 않아야 손실이 없습니다. 그리고 그것을 다듬고 포장해 비싼 값으로 팔 때 이익을 얻습니다. 사사로움이 흐름을 탈수록 더 많은 부와 명예가 따릅니다. 그렇다면 노자가 말한 '사심을 버려야 이룰 수 있는 성공'은 부와 명예가 아닌 게 분명합니다.

사심을 버릴 때 얻을 수 있는 것들

사람들은 하나라도 더 가지려고 아등바등하는 치열함 속에서도, 온정을 베푸는 누군가의 이야기를 들으면 감동을 받아 가슴이 따뜻해지곤 합니다. 또 주변의 어려운 이웃을 보며 측은한 마음이 드는 것이 보통 사람의 마음입니다. 이렇듯 인간의 타고난 본성은 사사로움보다 선한 마음이 우선합니다. 다만 치열한 경쟁 속에서 더 높은 고지에 올라서야 한다는 압박감 때문에 사사로움에 매달리게 되는 것입니다.

사심을 버리면 부와 명예보다 더 소중한 '사람의 마음'을 얻을 수 있습니다. 아무리 많은 돈을 벌고 높은 자리에 오른다고 하더라도 마음을 나눌 사람이 없다면 진정한 성공이라고 할 수 없습니다. 서로의 기쁜 일을 진심으로 축하해 주고 슬픔을 나눠질 사람은 사심을 내세우지 않아야 찾아오는 법입니다.

춘추 전국 시대 말기 진나라의 재상이었던 여불위는 나

라의 명성을 세상에 알리기 위해 전국의 수많은 학자를 모아 『여씨춘추』를 펴냈습니다. 여불위는 책을 펴낸 뒤 "이 책에서 한 글자라도 더하거나 뺄 수 있는 자에게 천금(千金)을 주겠다"라고 말할 정도로 자부심이 컸습니다. 이는 고사성어 '일자천금(一字千金)'의 유래이기도 합니다. 그런 『여씨춘추』에 '활을 잃어버린 형나라 사람 이야기'가 실려 있습니다.

하루는 형나라 사람이 사냥 중에 활을 잃어버렸습니다. 그런데 그는 잃어버린 활을 찾지 않고 이렇게 말했습니다.

"형나라 사람 누군가가 주울 것이니 괜찮다."

이 말을 전해 들은 공자가 말했습니다.

"형나라 사람은 참으로 현명하다. 하지만 '형나라'라는 말을 빼는 것이 옳다."

공자의 말을 전해 들은 노자가 말했습니다.

"공자의 말은 참으로 현명하다. 하지만 '사람'이라는 말을 빼는 것이 옳다."

'잃어버린 활을 찾아야 하는가?'라는 물음에 형나라 사람, 공자, 노자는 다른 대답을 내놓습니다. 세 사람 모두 사사로움을 좇지 않는 마음을 지녔지만, 그 이로움을 나누는 대상의 범위가 달랐습니다. 같은 나라 사람을 위하는 마음, 널리 인간을 위하는 마음, 더 나아가 자연 만물을 위하는 마음으로 확장해 나가는 것, 이것이 바로 사심을 버리는 과정입니다. 손에 잡은 그것은 언젠가 자연으로 돌아갈 것들입니다. 나와 남을 구분하지 않고 자연을 위하는 마음을 품을 때 사사로움에서 벗어날 수 있습니다.

혹시 지금 잃어버린 활을 찾아 헤매고 있진 않나요? 그렇다면 그 활이 누군가의 품에서, 또는 자연 속에서 쓰임을 다할 수 있도록 빌어주면 될 일입니다. 그렇게 사심을 하나둘 비워내면, 삶은 소중한 인연들로 가득 차게 될 것입니다.

어린 시절, 어머니의 심부름으로 이웃집에 과일 한 접시를 보내면 더 많은 반찬거리가 되돌아왔습니다. 어머니는 받은 접시에 또 다른 무언가를 담아 재차 심부름을 시키셨습니다. 그렇게 접시를 몇 번씩 주고받은 뒤에야 따뜻한 힘겨루기는 끝이 났습니다. 하나라도 더 가지려고 하는 요즘에는 상상하기 어려운 모습입니다.

한 커뮤니티에는 친구에게 받은 생일 선물의 가격을 검색해 본 뒤 돌아오는 친구의 생일에 그 가격보다 저렴한 선물을 한다는 글이 올라오기도 합니다. 이득을 보려는 마음으로 사람을 사귀면 좋은 관계를 이어갈 수 없습니다. 소중한 사람을 대할 땐 '더 주지 못해서 미안한 마음'이어야 따뜻한 정을 나눌 수 있습니다. 누군가에게 전할 선물이 있다면 득실을 따지기보다 진심을 담기 위해 노력하는 것이 맞습니다.

삶에서 실천하는 덜어내기

아빠의 퇴근을 기다리던 아이가, 제가 현관문에 들어서자 이렇게 말합니다.

"아빠, 엄마가 저녁 준비될 때까지 놀이터에서 놀다 와도 된대요."

그리고 곧바로 아이는 신발도 벗지 않은 아빠를 채근하며 놀이터로 향했습니다. 한 손에는 빵 조각을 든 채 말입니다. 그런데 뛰어놀던 아이가 그만 빵을 바닥에 떨어뜨렸습니다. 아이는 눈물을 터뜨리는가 싶더니 이내 이렇게 말합니다.

"괜찮아, 개미들이 맛있게 먹을 거니까."

아이의 그 말은 잃어버린 활이 자연의 일부로 되돌아가길 바라던 노자의 마음을 재연하는 듯했습니다.

아이의 손을 잡고 집으로 돌아가는 길입니다. 그런데 문득 출근길에 들고 나갔던 우산을 어디에 뒀는지 기억이 나지 않습니다. 그래도 괜찮습니다. 이름 모를 누군가 혹은 그 무엇이 사용할 테니 말입니다. 그래도 아내의 한 소리는 각오해야겠습니다.

3장

관계를 망치지 않는 마음의 기술

자신을 내세우지 않아야 앞서게 된다

◆
◇

천지자연은 영원하다. 천지자연이 영원할 수 있는 까닭은
자신을 스스로 드러내려 애쓰지 않기 때문이다.
그렇기에 오래 갈 수 있는 것이다.
이처럼 성인은 자신을 내세우지 않지만, 오히려 앞서게 된다.
또한 성인은 자신을 도외시하지만, 오히려 자신이 보존된다.

天長地久(천장지구) 天地所以能長且久者(천지소이능장차구자)
以其不自生(이기부자생) 故能長生(고능장생)
是以聖人後其身而身先(시이성인후기신이신선) 外其身而身存(외기신이신존)

- 『도덕경』 제7장

노자는 『도덕경』 제7장에서 "천지자연이 영원할 수 있는 이유는 자신을 스스로 드러내려 애쓰지 않기 때문이다"라고 말합니다. 그리고 이어서 "성인은 자신을 내세우지 않지만 오히려 앞서게 되고, 자신을 도외시하지만 오히려 자신이 보존된다"라고 덧붙입니다. 이 장은 천지자연과 성인을 앞뒤로 언급하며 스스로 내세우지 않는, 즉 자연법칙을 따르는 무위의 삶을 강조하고 있습니다.

하늘과 땅은 스스로 존귀함을 뽐내지 않습니다. 그저 계절의 변화에 따라 자연스럽게 눈과 비를 내리고 곡식을 여물

게 하기에, 그 존재를 사람들로부터 인정받을 필요가 없습니다. 그런 이유로 천지자연은 유구한 시간을 한결같이 존재할 수 있습니다. 우리의 삶도 자연을 따라 유유히 흘러갈 때 '인정받기 위해 사는 삶'에서 벗어날 수 있습니다.

누군가로부터 칭찬의 말을 듣는 것을 싫어할 사람은 아무도 없습니다. 정도의 차이만 있을 뿐 누구에게나 '인정욕구'가 있기 마련입니다. 그런데 남들의 인정을 바라고 시작한 일은 오래 할 수 없습니다. 처음엔 엄지를 치켜세우며 칭찬하던 사람들도 얼마 지나지 않아 흥미를 잃고 등을 돌리기 때문에 일을 해 나가는 동력이 사라지는 것입니다.

관심이 식어가는 것을 견디지 못하는 사람은 무리해서 자신을 드러내기 시작합니다. 하지만 억지를 부리면 허물을 남기는 법. 기록을 경신하기 위해 금지된 약물을 사용하고, 학위를 따기 위해 논문을 베끼고, 인기를 얻기 위해 외국곡을 표절하는 등 부정한 일을 저지르다 인생을 망치고 맙니다. 실력을 갈고닦기보다 알량한 결과물을 포장하기 위해 시간을 허비한 결과인 것입니다.

오래 하려면 나만의 일로 만들어라

어떤 일을 오래 하려면 다짐이 필요합니다. 남에게 보여주기 위한 각오가 아닌 자기 마음에 새기는 굳은 의지 말입니다. 노자의 말처럼 스스로 드러내려 애쓰는 일은 오래 할 수 없는 법입니다. 그러니 어떤 일을 할 때 인정을 바라야 할 상대는 '남'이 아닌 '나 자신'이어야 합니다. 그렇게 자기 마음의 소리에 귀 기울이고 스스로 인정할 줄 알아야 온전한 나만의 일을 찾을 수 있습니다.

한때 일명 '바디 프로필 찍기'가 유행이었던 적이 있었습니다. 단기간에 살을 빼고 근육량을 늘려 예쁜 몸매를 사진으로 남기는 것인데, 건강을 위해서가 아니라 오로지 보기 좋은 몸을 만들기 위해 애쓰다 보면 결국 탈이 나는 경우도 많이 있었습니다. 물도 마시지 않고 체지방률을 낮추려다가 근육세포가 파괴되는 희귀병에 걸리는 사례도 있었습니다. 운동은 건강을 위해서 하는 것이 맞습니다. 그것이 자연스럽습니다. 노자의 말대로 자연스러운 일은 드러낼 필요가 없고, 드러내지 않아야 오래 할 수 있습니다.

만약 무언가에 몰두하는 이유가 누군가의 칭찬을 듣기 위해서라면 지금 당장 그 일을 멈춰야 합니다. 인정을 바라는 그 헛된 마음이 자신을 드러내도록 부추길 테니 말입니다. 이제부터 마음에 새겨야 하는 칭찬은 오직 '스스로에게 하는 칭찬'뿐입니다.

삶에서 실천하는 덜어내기

'미라클 모닝'을 꿈꾸는 사람이 많습니다. 남들보다 빠르게 일어나 자기 계발에 열중하는 모습은 상상만으로도 가슴이 뿌듯합니다. 그래서 몇몇은 온라인 모임을 만들어 기상 시간을 인증하고 응원의 말을 주고받습니다. 그런데 약속된 몇 주간의 기상 모임이 끝나면 미라클 모닝은 마법처럼 사라집니다. 왜 그런 걸까요? 이유는 두 가지입니다.

먼저, 미라클 모닝의 목적이 '아침에 일찍 일어나는 것' 자체에 있기 때문입니다. 새벽 기상은 생각처럼 쉽지 않습니다. 그런데 만약 자나 깨나 하고 싶은 일이 있다면 일찍 일어나는 것은 어렵지 않습니다. 그러니 미라클 모닝을 실천하기 위해서는 '아침잠을 줄여가며 하고 싶은 일'을 찾는 게 먼저입니다.

다음으로 미라클 모닝을 자랑할 누군가가 사라졌기 때문입니다. 자신이 몇 시에 일어났는지, 오늘 새벽에는 어떤 책을 읽었는지, 건강식으로 어떤 아침을 해 먹었는지 자랑할 상대가 없습니다. 자기를 내세울 수 없게 되자 더 이상 미라클 모닝을 실천할 수 없게 되는 것입니다.

영원히 사라지지 않고 자기 공적을 바라봐줄 사람은 본인뿐입니다. 그러니 '내세우지 않아 앞서게 된다'라는 묘리는 자기 자신에게서 찾아야 합니다. 앞서게 된다는 것은 본인만이 아는 것입니다. 그렇게 스스로에게 내세우고 자기를 넉넉히 칭찬하는 삶이야말로 멈추지 않고 성장할 수 있습니다.

올바른 비교로 자기모습을 잊어라

세상 사람들이 모두 아름다운 것을 아름다운 것으로 알지만, 이것은 추악한 것이 있기 때문에 아름다운 것이다.
天下皆知美之爲美(천하개지미지위미) 斯惡已(사악이)
- 『도덕경』 제2장

노자는 『도덕경』 제2장에서 "아름다운 것은 추악한 것이 있기 때문에 아름다운 것이다"라고 말합니다. 우리가 인지하는 세상의 개념은 비교되는 그 무엇으로부터 비롯되는 경우가 대부분입니다.

같은 장에서 노자는 '선한 것을 알 수 있는 까닭은 착하지 않은 것이 있기 때문이다', '긴 것은 짧은 것과 대조하여 존재한다', '높은 것은 낮은 것에 비교하여 존재한다'라고 말하며 그 논리를 상세하게 풀어내고 있습니다. 노자의 말처럼 아름다운 것은 못난 것이 있기에 존재합니다. 그 간극이 크면 클수록 미의 평가는 뚜렷해집니다. 마치 조연이 망가지면 망가질수록 주연이 빛나는 것처럼 말입니다.

아름다운 보석은 제멋대로 모난 돌이 있기에 귀하게 여겨집니다. 그런데 '좋은 건축 자재'라는 관점에서 본다면 예쁘기만 한 광물은 쓸모가 없습니다. 수백 미터 높이의 건물을 이루는 것은 백금이 아닌 석회석인 것입니다. 이렇듯 기준을 어디에 두느냐에 따라 잘 난 것이 못난 것이 되기도 하고, 예쁜 것이 추악한 것이 되기도 합니다. 그래서 노자가 말하는 존재의 상대성을 삶에 적용하기 위해서는 올바른 비교가 필요합니다.

존재의 의미를 되새기는 '올바른 비교'

'이것'이 존재하는 이유는 '저것'이 있기 때문이고, 반대로 저것이 존재하는 이유는 이것이 있기 때문입니다. 이렇게 본다면, 존재의 의미를 명확하게 하기 위해서는 비교 대상이 필요한 것처럼 보입니다. 비교의 굴레에서 벗어나야 온전한 삶을 살 수 있을 것 같은데, 오히려 비교를 통해 존재의 의미를 되새긴다는 게 어불성설 같습니다. 이때 필요한 것은 바로, '올바른 비교'입니다.

부탄은 대부분의 나라가 GDP(국내총생산)와 같은 경제적 지표를 중요하게 여길 때, GNH(국민총행복지수)라는 개념을 사용해 국민의 행복지수를 평가했습니다. GNH는 경제적 요인보다 국민의 심리적 행복, 건강, 교육, 문화의 다양성, 지역사회 활력 등의 지표를 중요하게 여깁니다. 이런 노력으로 부탄은 전 세계에서 가장 행복한 나라였습니다. 그런데 최근 부탄 국민의 SNS 이용량이 급격히 늘면서 부탄의 행복지수가 곤두박질치고 말았습니다. 어느새 부탄 사람들은 작은 화면 속의 보기 좋게 꾸며진 삶과 자기 삶을 비교하며 시기와 질투를 느끼고 있었습니다. 비교가 불행의 불씨가 된 것입니다.

올바른 비교를 위해서는 먼저 자신을 바로 세워야 합니다.
당신은 자신을 제대로 안다고 자부할 수 있나요? 얼굴, 체형과 같은 신체적 특징뿐 아니라 어떤 감정에 마음이 동하는지, 선호하는 음식은 무엇인지, 어떤 사람과 대화가 잘 통하는지, 무엇을 하며 쉬는 것을 좋아하는지 등등…. 곰곰이 생각해 보면 정작 자기가 좋아하는 것을 놓치고 있다는 것을 깨닫습니다.

꾸준히 자신을 살피는 사람은 쉽게 흔들리지 않습니다. 타고난 본성을 깨닫고 있는 그대로의 자기 모습을 받아들이기에 남과의 비교에서 불행이 아닌 희망을 찾습니다. 또 자신의 역할이 주연이 아닌 조연임을 알게 되더라도 실망하지 않습니다. 비교는 오로지 존재 이유를 되새기는 도구일 뿐 자기의 가치를 떨어뜨리는 힘이 없음을 알기 때문입니다. 결국 비교로 인한 불행의 불씨는 남이 아닌 자신이 지피는 것입니다.

삶에서 실천하는 덜어내기

올바른 비교로 존재 이유를 되새길 수 있는 사람은 더 이상 추함을 추함으로 보지 않습니다. 거울 속 본인의 모습은 그저 사람의 모습입니다. 좀 더 고운 피부, 큰 키, 뚜렷한 이목구비를 가진 사람과의 비교는 자기 모습을 명확하게 인지하기 위한 하나의 방법일 뿐입니다.

잠시 소중한 사람의 모습을 떠올려봅시다. 심적으로 가까운 사람일수록 외적인 모습이 아닌 '다정한 사람', '편안한 사람', '즐거운 사람'과 같은 그 사람 고유의 분위기가 떠오를 것입니다. 반면 얼마 전 만난 거래처 직원의 경우에는 머리 모양, 입었던 옷 등은 어렵지 않게 떠올릴 수 있습니다. 하지만 그 사람이 어떤 사람인지는 떠올리기 어려울 것입니다.

그렇습니다. 마음을 나누는 사이는 서로의 겉모습을 중요하게 여기지 않습니다. 아름다움과 추함의 구분 없이 상대를 있는 그대로 받아들이고 그 내면을 들여다보기 때문입니다. 서로를 알아갈수록 상대의 모습을 잊어 가는 것입니다.

자신과의 관계도 마찬가지입니다. 자기를 제대로 바라볼 수 있게 됐다면, 이제는 자기 모습을 잊어야 합니다. 그래야 추함에서 비롯된 '허울뿐인 아름다움'을 좇는 일을 멈출 수 있습니다. 그러고 나서 떠올린 자기 모습은 '다정한 사람', '편안한 사람', '즐거운 사람'일 겁니다. 겉이 아닌 내면이 아름다운 사람 말입니다. 그렇게 자기 인생의 주연이 되어갈 수 있습니다.

교만이라는 늪에서 헤어 나오는 방법

부귀를 얻어 교만해지면 스스로 허물을 남기게 된다.
그러므로 공이 이루어졌으면 몸은 물러나는 것이 하늘의 이치이다.
富貴而驕(부귀이교) 自遺其咎(자유기구) 功遂身退(공수신퇴) 天之道(천지도)
- 『도덕경』제9장

노자는 『도덕경』 제9장에서 "부귀를 얻어 교만해지면 스스로 허물을 남기게 된다"라고 말합니다. 노자는 부귀를 얻는 일 자체를 나무란 것이 아닙니다. 가진 것에 도취해 교만에 빠지는 일을 경계하라고 말한 것입니다. 그리고 이어서 "공이 이루어졌으면 몸은 물러나는 것이 하늘의 이치이다"라고 덧붙입니다.

노자는 하늘의 이치, 즉 자연은 스스로 내세우지 않는다는 것을 여러 차례 강조했습니다. 공이 이루어졌으면 몸을 물리는 것이 자연스러운 일이며, 그것이 교만에서 벗어나는 길이라고 말하고 있는 것입니다.

연일 오르는 물가에 지갑 사정이 넉넉지 못합니다. 돈 쓸 곳은 떠올리면 떠올릴수록 꼬리를 물고 이어집니다. 마치 생각만으로도 돈이 새 나가는 기분입니다. 그때 이런 말들이 들립니다.

"내가 몇 년 전에 땅을 샀는데, 최근에 토지보상비로 수억을 벌었어."
"주가가 올라서 가지고 있던 주식을 팔아 해외여행을 다녀왔어."
"조금씩 사 모으던 가상화폐가 대박이 나서 최근에 빌딩을 매입했지."

한 푼이 아쉬운 상황에서 남의 돈 자랑을 듣는 것은 견디기 힘든 일입니다. 질투가 나기도 하고, 가슴에 분노가 일어나기도 합니다. 이럴 때 화를 참지 못하면 크고 작은 다툼이 벌어집니다. 이렇듯 재력을 과시하는 것은 노자가 말하는 '부귀를 얻어 교만해지는 일'이며, 스스로 허물을 남기는 일인 것입니다.

빠른 성장은 독이다

들인 시간과 노력에 비해 과분한 결과를 얻는 경우가 있습니다. 이때 경계해야 할 것이 있는데, 바로 노자가 말한 '교만'입니다. 하는 일이 잘 풀리는 사람은 자신감이 넘칩니다. 그런데 성과에 도취해 교만해지면 허물을 남기게 됩니다. 자신이 특별한 존재라는 생각에 남을 무시하고, 어떻게 하면 성과를 자랑할 수 있을지 고민하기에 바쁩니다. 그러는 사이 여기저기 미운털이 박히기 시작합니다.

　　교만에 빠져 스스로 자랑하는 일은 눈에 보이지 않는 적을 만드는 일입니다. 남보다 조금 빨리 성공했다고 득의양양하다가는 교만의 늪에서 헤어 나오지 못합니다. 결국 빠른 성장이 독이 되는 셈입니다.

　　『장자』「양생주」편에는 이런 이야기가 나옵니다.

　　"못가에 사는 꿩은 먹이가 없어 열 걸음이나 걸어 나가야 먹이를 쪼아 먹는다. 또 백 걸음이나 걸어 나가야 한 모금의 물을 마실 수 있다. 하지만 사람 손에 잡혀 새장 속에 갇히는 것을 원치 않는다. 새장 안에서는 먹이를 쉽게 얻어 기운은 좋을지 모르나, 결코 들판에서처럼 즐겁지 못한 것이다."

　　새장 속의 새는 먹이를 구하기 위해 특별한 노력을 하지 않습니다. 인심 후한 주인을 만나면 바닥은 먹이로 가득할 테니 말입니다. 그 새장 속의 새는 힘들게 먹이를 구하는 야생의 새를 보며 어떤 생각을 할까요? 현재의 풍요로움이 마치 자신의 노력으로 얻은 것이라는 착각에 빠져 야생의 새를 무시할지 모릅니다. 정작 자유를 잃은 자기 처지를 생각하지 못한 채 말입니다.

느리더라도, 가는 길이 험난할지라도 교만에 빠지지 않을 정도의 속도로 먹이를 찾고자 합니다. 당장 손에 쥐는 먹이의 양은 적겠지만 그것이 허물을 남기지 않는 지혜로운 방법입니다. 세상의 속도는 여느 때보다 빠르고, 매일 빨라지고 있기에 느리다고 느끼는 것도 당연합니다. 하지만 그 속도는 사실 우리 자신만이 알고 있는 것입니다. 그러니 느린 것만 같은 자기 인생을 넉넉히 칭찬하고 응원해 줘야 합니다.

삶에서 실천하는 덜어내기

"요즘 잘 지내세요?", "별일 없으시죠?"라고 누가 물으면, 저는 "덕분에요"라고 하는 편입니다. 특별한 의미를 부여하거나 깊이 생각하고 내뱉는 말은 아닙니다. 노자는 "공을 이룬 뒤에는 물러나야 한다"라고 말한 것과 같은 맥락으로 한 말입니다. 자기 공적을 자랑하지 않는 것은 물론이고 오히려 뒤로 물러나기 위함입니다.

일상에서 "덕분에요"라고 진심을 다해 말하면 노자의 말을 쉽게 실천할 수 있습니다. 우리는 하루에도 수많은 사람을 마주칩니다. 그런 와중에 누군가가 자신에게 안부를 물어봐 주는 것은 충분히 고마워할 일입니다.

지금의 성과나 결과물은 오로지 자기만의 노력으로 이룬 것이 아닙니다. 자신의 안부를 물어봐 주는 주변 사람들의 관심과 응원이 있었기에 가능한 일이었습니다. 설령 혼자 힘으로 이뤄낸 일일지라도 "덕분에요"라는 말에 진심을 담기 위해 노력해야 합니다. 그것이 바로 허물을 남기지 않는 지혜입니다. 그렇게 교만이라는 늪에 빠지지 않기 위해서는 한 걸음 뒤로 물러서는 습관을 가져야 합니다.

모른다는 생각이 배려심을 이끈다

◆
◇

(진실로 도를 터득한 사람은) 친할 수도 없고 멀리할 수도 없으며,
이롭게 할 수도 없고 해롭게 할 수도 없다.

故不可得而親(고불가득이친) 不可得而疎(불가득이소)
不可得而利(불가득이리) 不可得而害(불가득이해)

- 『도덕경』 제56장

『도덕경』 제56장에서 노자는 "진실로 도를 터득한 사람은 친할 수도 없고 멀리할 수도 없다"라고 말합니다. 이 말에는 '어떻게 하면 좋은 관계를 유지할 수 있는가?'라는 물음에 대한 답이 들어 있습니다. 관계를 잘 이어가기 위해서는 적절한 거리가 필요합니다. 처음에 배려하던 마음은 어느새 편안함이 되고 편안함은 익숙함이라는 이름 아래에 무례함이 되어 갑니다. 그렇게 무례한 언행으로 상대의 심기를 거스르기 시작하면 관계는 틀어집니다. 결국 노자가 말한 '도를 터득한 사람'은 너무 가깝지도 멀지도 않은 관계를 만들어가는 사람입니다.

노자는 이어서 "그런 사람은 이롭게 할 수도 없고 해롭게

할 수도 없다"라고 덧붙입니다. 인간관계는 이해득실로 붙잡아 둘 수 있는 것이 아닙니다. 적당한 거리를 유지하고 서로의 얻고 잃음에 관여하지 않아야 제대로 된 관계를 이어갈 수 있습니다.

가깝지도, 멀지도 않은

기본적인 예의를 갖춘 사람은 처음 만나는 사람을 무례하게 대하지 않습니다. 상대방을 잘 모르기에 무턱대고 말하지 않고 그의 반응을 살핍니다. 단지 '상대를 모른다'라는 사실만으로 예의를 지키며 관계의 기반을 다지는 것입니다. 그런데 대부분 사람은 시간이 지날수록 배려하는 마음을 잊습니다. '우리가 어떤 사이인데?', '네 눈빛만 봐도 무슨 생각하는지 알아', '말하지 않아도 알아주는 게 친구 아니겠어?'. 이런 생각들이 마음의 눈을 가리고 소중한 인연을 제대로 바라볼 수 없게 만듭니다. 상대를 알아갈수록, 아니 잘 안다고 착각할수록 관계에 균열이 생기기 시작합니다.

만약 절친했던 사이가 하루아침에 틀어진다면, 상대방을 원망하는 대신 자기 행동을 되돌아봐야 합니다. 어쩌면 당신은 상대방에게 너무 가까이 다가가 자기 생각을 강요하고 있을지 모릅니다. 이제 손을 뻗어 상대와의 거리를 가늠해 보십시오. 혹여 둘 사이가 너무 가깝다면 한 걸음 물러나야 합니다. 편안함이 선을 넘어 무례함이 되지 않도록 말입니다.

몇 년 전 TV에 방영된 단막극 〈딱밤 한 대가 이별에 미치는 영향〉의 여자 주인공은 3년 연애의 마침표를 찍으며 남자 주인공에게 이런 말을 합니다.

"넌 딱밤을 너무 세게 때려."

여자에게는 단순한 딱밤 한 대가 아니었습니다. 남자의 웃음소리와 함께 아려오는 이마를 붙잡고 여자는 생각에 잠깁니다. 그리고 남자에게 되묻습니다.

"누가 사랑하는 여자 딱밤을 그렇게 세게 때려? 내가 장담하는데 사랑하면 봐주고 싶어."

그렇게 여자는 가슴에 담아둔 이야기를 쏟아낸 뒤 남자에게 헤어지자고 말합니다. 그동안 사랑하는 사람에게 배려받지 못했다는 서운함이 딱밤 한 대로 폭발한 것입니다. 남자는 3년이라는 시간 동안 서로를 잘 안다고 착각하며 사랑하는 사람의 마음에 생채기를 내고 있었습니다.

소중한 사람일수록 아는 것보다 모르는 게 많다고 여겨야 합니다. 만약 마주한 상대가 사소한 이유로 화를 낸다는 생각이 든다면 지금까지 알던 상대의 모습을 잊어야 합니다. '상대를 모른다'라고 생각하는 순간, 서로를 배려하던 시절을 떠올리게 될 테니 말입니다.

삶에서 실천하는 덜어내기

"여보, 이번 주 어머니 생신인데 저녁 뭐 사드릴까?"
아내의 말에 잠시 고민합니다. 그리고 이내 대답합니다.
"고기면 되지 뭐." 나의 성의 없는 대답에 아내가 재차 말합니다.
"여보! 어머니 고기 안 좋아하시잖아. 지난번에 묵무침 잘 드시던데, 이번엔 묵 요리하는 곳으로 알아봐."
순간, '어머니가 고기를 안 좋아하셨나?'라는 생각이 듭니다. 사십 년을 넘게 아들로 살아오면서 어머니가 무엇을 좋아하는지 제대로 알지 못했던 겁니다.
가까운 사람을 잘 안다고 자부하는 것은 큰 착각입니다. 가족이라는 이름으로 자주 얼굴을 맞대더라도 그의 '좋아하는 음식', '즐겨 듣는 노래', '선호하는 색상' 등을 정확하게 알려고 노력해야 합니다. 소중한 인연과 오래도록 함께하기 위해서는 그 사람을 더 알아야 합니다. 그리고 그 시작은 상대를 안다는 착각에서 벗어나는 일입니다.

받는 기쁨보다 주는 기쁨을 느껴라

무언가를 얻고 싶다면 반드시 먼저 내 것을 주어라.
將欲奪之必固與之(장욕탈지필고여지)
- 『도덕경』 제36장

노자는 『도덕경』 제36장에서 "무언가를 얻고 싶다면 반드시 먼저 내 것을 주어라"라고 말합니다. 즉 구하려는 마음 이전에 내어주는 마음이 먼저라는 것입니다.

간절히 바라는 것을 손에 넣었을 때 기쁘지 않을 사람은 없습니다. 열망하는 마음이 크면 클수록 기쁨은 커집니다. 그런데 무언가를 얻는 것으로 채워지는 기쁨은 그리 오래가지 않습니다. 택배가 도착하기 전까지의 설렘은 물건을 받아 드는 순간 반감됩니다. 그리고 그 물건을 사용하기 시작하면 간절히 바라던 마음은 온데간데없이 사라집니다.

반면 베푸는 기쁨은 두고두고 꺼내보아도 그때의 감정을 고스란히 느낄 수 있습니다. 마음을 담아 선물하는 일, 불편을 겪는 사람에게 친절을 베푸는 일, 고객에게 유용한 정보를 제공하는 일, 남의 고민을 들어주고 위로해 주는 일 등등. 물건이든 감정이든 지식이든, 자신의 것을 내어줄 때 느끼는 기쁨은 쉽게 사라지지 않습니다. 그리고 베푸는 기쁨은 자기 존재감을 증명하는 일이기도 합니다. 나로 인해 힘을 내고, 성장하고, 다시 일어나 걷는 상대를 보는 것은 상상만으로도 가슴이 벅찹니다. 그러니 인생에서 많이 느껴야 할 감정은 '받는 기쁨'이 아닌 '주는 기쁨'입니다.

자기 것을 내어주되 바라지 말라

먼저 내 것을 주었는데 원하는 것을 얻지 못하면 어떤 기분이 들까요? 보통의 사람이라면 아쉬운 마음이 드는 것이 사실입니다. 때론 억울함을 참지 못하고 다툼이 벌어지기도 합니다. 그런데 대가를 기대하다가는 주는 기쁨을 온전하게 느낄 수 없습니다. 오래도록 되새길 수 있는 주는 기쁨은 자기 것을 내어주되 바라지 말아야 얻을 수 있습니다. 즉 선물을 주고, 친절을 베풀고, 위로의 말을 건넬 때 되돌아올 무언가를 기대하지 않아야 한다는 뜻입니다.

하지만 대가 없이 선행을 베푸는 것은 정말 어려운 일입니다. 그런 대단한 일을 하는 사람을 '천사'라고 부르며 언론에서 보도할 정도이니, 고된 일상을 살아가는 우리가 도달하기에는 어려운 경지입니다. 우리가 실천할 수 있는 현실적인 방법은 온전하게 내어줄 수 있는 영역을 조금씩 늘려가는 것입니다. 당신의 선물과 친절, 그리고 위로는 상대에게 전해지면 그걸로 된 것입니다.

개울에 놓인 돌다리 앞에서 망설이고 있는 한 아이를 상상해 봅시다. 그때 어린아이에게 손을 내밀며 대가를 바랄 사람은 아무도 없습니다. 손을 뻗어 아이를 잡아주고, 아이가 안전하게 개울을 건너기만을 바랄 뿐입니다. 주는 기쁨은 어린아이를 대하는 순수한 마음과도 같습니다. 그런 마음을 담은 손짓, 음성, 표정이 상대에게 전해져 모두의 기쁨이 되는 것입니다. 그렇게 대가 없이 마음을 전하다 보면, 당신의 마음 또한 상대에게 오래도록 머물게 될 겁니다.

삶에서 실천하는 덜어내기

이전에 지인으로부터 들은 이야기입니다. 어떤 사람이 로또 일등에 당첨되었는데, 그 사람은 평소 친한 친구들에게 "자기가 로또 일등에 당첨되면 일억씩 나눠주겠다"라는 말을 입버릇처럼 하고 다녔다고 합니다. 그런데 정작 일등에 당첨되니, 약속을 지키기 위해 수억 원을 쓰는 게 배가 아팠습니다. 그래도 그 사람은 의리를 생각해서 친구들에게 천만 원씩을 주겠다고 말했습니다. 그런데 그 말을 들은 친구들은 단칼에 천만 원을 거절했습니다. 그리고 이렇게 말했습니다.

"괜찮아, 친구야. 천만 원은 받지 않을게."

로또에 당첨된 사람은 자신을 배려해 주는 친구들의 말에 진심으로 감동했습니다. 그런데 감격의 순간도 잠시, 친구들이 이어서 말했습니다.

"아, 그리고 곧 소송장이 갈 거야. 처음 약속대로 일억을 받아야겠어."

주는 기쁨도 받는 기쁨도 모두 사라진, 탐욕만 남은 이야기입니다. 아마도 그 친구들은 평소 주는 기쁨이 아닌 받는 기쁨을 중요하게 여기던 사이였을 겁니다. '만약 내가 로또에 당첨됐다면 선뜻 친구에게 일억을 줄 수 있었을까?'라고 자문해 봅니다. 쉽게 대답이 나오지 않는 것을 보면 아직 주는 기쁨을 온전하게 누리고 있지 못한 듯합니다.

지금껏 받는 기쁨에만 도취해 살아온 것은 아닌지 자신을 되돌아봅니다. 이제 바라는 마음을 버리고 주는 기쁨을 느끼고자 합니다. 그 마음이 로또 일등으로도 흐트러뜨릴 수 없는 인연을 만들어 줄 테니 말입니다.

믿음은 곧 사람됨이다

통치자가 백성을 믿지 않기 때문에 그들도 믿음을 주지 않는다.
信不足焉(신부족언) 有不信焉(유불신언)
- 『도덕경』 제17장

『도덕경』 제17장에서 노자는 "통치자가 백성을 믿지 않기 때문에 그들도 믿음을 주지 않는다"라고 말합니다. 이는 지도자가 신망을 얻기 위해서는 먼저 백성들을 믿어야 한다는 의미입니다. 일방적인 믿음은 생길 수도 없을뿐더러, 설령 백성을 기망해 신뢰를 얻었다 하더라도 그 믿음은 얼마 지나지 않아 신기루처럼 사라지고 맙니다.

믿음은 구해서 얻어지는 것이 아닙니다. 수십 년을 쌓은 관계에서도 장담할 수 없는 것이 믿음입니다. 서로의 든든한 배경이 되어주겠다던 사람도 사업이 망하고 가진 것이 사라지면 차갑게 뒤돌아섭니다. 그러니 믿음은 눈에 보이는 조건이 아닌 '사람됨'을 따라야 변하지 않습니다.

노자가 말한 믿음은 일상의 관계를 맺고 유지하는 데도 매우 중요한 요소입니다. 믿음이 없는 인간관계는 한쪽의 희생으로 근근이 굴러가는 찌그러진 공과 같습니다. 균형을 잃고 이리저리 구르는 공은 언젠가 바람이 빠져 멈춰버립니다.

믿음은 말로 쌓는 것이 아니다

청산유수 같은 말솜씨를 뽐내는 사람이 있습니다. 그런 사람이 예를 갖추고 삶의 지혜를 전한다면 믿을만하다고 할 수 있습니다. 반면 유려한 말솜씨로 상대를 현혹해 이득을 얻으려는 사람이 있습니다. 이때, 그들이 상대를 꾀어내기 위해 사용하는 무기가 바로 '거짓된 믿음'입니다.

형법에서 사기죄의 성립 요건에는 '기망행위'가 있습니다. 즉 남을 속이는 행위는 형벌로 다스릴 만큼 악하게 여겨집니다. 상대를 속여 주머니 속의 돈을 꺼내게 만들고, 상식을 벗어난 행동을 하게 만들기 위해선 믿음이 전제되어야 합니다.

청찬의 말은 듣기 좋습니다. 달콤한 말 속에 숨은 의미가 어떻든 간에 "멋있다", "예쁘다", "잘한다", "최고다"라는 말을 듣고 인상을 찌푸릴 사람은 없습니다. 하지만 믿음은 듣기 좋은 말로 쌓는 것이 아닙니다. 배려심 있는 행동, 약속을 중요하게 여기는 태도, 자신의 실수를 인정하는 자세, 선입견 없이 사람을 대하는 마음, 자연을 아끼고 사랑하려는 노력 등. 믿음은 의미 없이 남발되는 달콤한 말이 아닌 고유의 사람됨을 바탕으로 쌓아가야 합니다.

그러니 노자의 말을 실천하기 위해선 먼저 자신의 사람됨을 가꿔야 합니다. 상대를 배려하고, 약속을 지키기 위해 노력하고, 생명을 차별 없이 대하고, 자연과 더불어 살아가려고 노력해야 합니다. 이것이 바로 믿음을 얻는 전제 조건인 '믿음을 주는 올바른 방법'입니다.

그중에서도 가장 중요한 것은 약속을 중요하게 여기는 마음가짐입니다. '약속 시간을 어기고도 미안한 기색이 없는 사람', '함께 수강하기로 약속한 과목을 말도 없이 취소한 대학 친구', '강습 일정을 조정한 뒤 일방적으로 통보한 코치'. 이런 사람들은 모두 믿음을 얻기 어려운 사람입니다. 이렇듯 일상의 사소한 약속을 정말 사소하게 여기다가는 그 누구에게도 믿음을 줄 수 없고, 돌아올 믿음 또한 없는 것입니다.

삶에서 실천하는 덜어내기

4살 된 딸아이가 계단 앞에 서서 내려오기를 망설이고 있습니다.
"아빠, 무서워. 안아주면 안 돼?"
잠시 고민하다가 언제까지 안아줄 수 없다는 생각에 아이에게 말합니다.

"괜찮아, 아빠만 믿고 내려와."

그렇게 대답하고는 두 계단 아래에서 양팔을 벌리고 섭니다. 딸아이는 눈을 한 번 질끈 감았다 뜨더니 조심스럽게 한 발을 내딛습니다. 그리고 한 발 더. 다음 계단을 내딛는 발걸음에는 조금 더 힘이 실립니다. 그렇게 한 계단씩 열 계단을 무사히 내려온 딸아이는 환하게 웃으며 말합니다.

"아빠, 내가 해냈어."

믿음은 두려움을 이겨내는 힘이 됩니다. 그런 믿음은 묵묵히 곁을 지키며 양팔을 벌려 안아줄 수 있는 마음에서 비롯됩니다. 누군가에게 그런 믿음을 오래도록 줄 수 있는 사람이 되길 바라봅니다.

삶을 지탱해 주는 한마디의 '침묵'

아는 자는 말하지 않고 말하는 자는 알지 못한다.
知者不言言者不知(지자불언언자부지)
- 『도덕경』 제56장

『도덕경』 제56장에서 노자는 "아는 자는 말하지 않고 말하는 자는 알지 못한다"라고 말합니다. 노자가 말하는 '아는 자'는 세상의 이치가 상대적이라는 것을 깨달은 사람입니다. 즉 이것은 저것이 될 수 있고 저것은 이것이 될 수 있음을 알기에, 자기가 아는 것을 정답이라고 여기지 않습니다. 그래서 자신이 아는 것을 굳이 남에게 말하려 하지 않는 것입니다.

이어서 나오는 "말하는 자는 알지 못한다"라는 말은 "알지 못하는 자가 말한다"라고 뒤집어 볼 수 있습니다. 잘 알지 못하는 사람은 현재 상황이 어떤지, 그리고 얼마나 심각한지 모르기 때문에 쉽게 말을 내뱉습니다. 얕게 아는 사람일수록 자기가 아는 것을 진리라고 여기며 떠들어대는 것입니다. 정치 문제를 깊고 넓게 살피는 사람은 한쪽으로 치우치지 않습니다. 오히려 잘 모르는 사람이 원색적인 비난을 서슴지 않습니다.

아는 자는 말하지 않고 말하는 자는 알지 못합니다. 바꿔 말해, 알지 못하는 자가 말하고 말하지 않는 자가 진정으로 아는 사람입니다. 만약 자기가 아는 것을 누군가에게 말하고 싶다면, 지금보다 더 배우고 익히기 위해 노력해야 합니다.

침묵 이전에 경청

삶을 지탱해 주는 한마디가 있다면, 그것은 무슨 말일까요? 장황한 이야기가 아닌 말 그대로 '한마디'입니다. 흔히 좌우명이라고 불리는 그런 짧지만 긴 여운을 주는 말에는 삶을 되돌아보게 하는 힘이 있습니다. 그런데 한마디의 강렬함보다 더 큰 울림을 주는 것이 있습니다. 바로 '침묵'입니다. 마주한 상대의 눈빛을 통해 깊은 깨달음을 얻는 것입니다.

그런데 앎이 어설픈 사람에겐 침묵보다 어려운 것이 없습니다. 그런 사람은 자기가 본 것만이 세상의 전부라 여기며 현상의 이면을 들여다보지 않습니다. 그래서 얕은 지식을 쉴 새 없이 자랑하고 자기 생각과 다른 남을 비판합니다. 결국 터져 나오는 말을 멈추지 못하고 스스로 어리석음을 드러내는 것입니다.

침묵은 물리적인 에너지가 필요하지 않은 '부작위'입니다. 그래서 침묵은 가만히만 있으면 되는, 아주 쉬운 일로 여겨집니다. 그런데 침묵하기로 마음먹기까지의 과정을 생각해보면 말하지 않는 부작위는 절대 쉬운 일이 아닙니다.

우리는 평소에 단순한 정보는 당연한 사실로 받아들입니다. 예를 들어, '딸기는 빨갛다'라는 말에 반박하는 사람은 거의 없을 것입니다. 그런데 누군가가 이렇게 말합니다. "어제 먹은 하얀 딸기가 참 맛있었어." 그럼 자기도 모르게 한마디 내뱉습니다. "하얀 딸기라니, 농담도 참"이라고 말입니다. 하지만 하얀 딸기는 분명히 존재합니다. 이렇듯 단순한 정보에도 오류가 넘칩니다. 자기가 알지 못하는 것을 오답으로 여기며 알량한 지식을 뽐내기에 바쁜 것입니다. 침묵하기 위해선 먼저 경청해야 합니다. 그것도 굳은 의지를 가지고 말입니다.

우리는 '딸기는 빨갛다'라는 고정된 사고에서 쉽게 벗어나지 못합니다. 그러니 튀어나오는 말을 잠시 붙잡아두고 상대의 말을 더 들어야 합니다. 그러면 상대방은 말 없는 당신에게 하얀 딸기가 존재하는 이유를 친절하게 설명할 테니 말입니다.

하얀 딸기의 존재를 모르는 사람은 '알지 못하는 사람'이었습니다. 그런데 그가 반박의 말을 쏟는 대신 침묵을 선택하는 순간, 그는 하얀 딸기의 존재를 '아는 사람'이 되었습니다. 결국 경청이 삶의 다양성을 깨닫게 하는 밑거름이 된 것입니다.

당신의 침묵이 상대에게 깨달음을 줄 수 있습니다. 그렇게 깨달음을 얻는 상대는 당신에게 울림 있는 한 마디, 더 나아가 값진 침묵을 선물할 겁니다. 이렇듯 아는 자가 되어 말하지 않음으로써 나와 관계 맺은 인연들과 함께 성장해 나갈 수 있습니다.

삶에서 실천하는 덜어내기

한번은 어느 저녁 식사 모임에 나갔습니다. 시끌벅적한 식사 시간은 하루의 스트레스를 날려버리기에 더할 나위 없이 좋았습니다. 처음 한두 시간은 말입니다. 그런데 시간이 길어질수록 점점 피로가 쌓여갑니다. 이내 누가 내뱉는지도 모를 의미 없는 말들이 허공을 떠돌기 시작합니다. 혼란해진 분위기 속에서 서로 남의 말은 듣지 않고 자기주장을 하기에 바쁩니다. 그러는 사이 몇 차례 언쟁이 오가기도 합니다.

모임이 끝나고 집으로 돌아와 소파에 털썩 앉았습니다. 그때 협탁에 놓인 작은 쪽지가 눈에 들어옵니다. 쪽지를 펼쳐보니 힘주어 눌러쓴 한마디가 쓰여 있습니다.

"엄마 아빠, 사랑해요."

어린이집을 다니는 딸아이가 쓴 편지였습니다. 순간, 몸과 마음에

쌓인 피로가 말끔히 사라집니다.

깊은 울림을 주는 말은 장황한 이야기가 아닙니다. 허공을 맴도는 의미 없는 말은 더더욱 아닙니다. 진심을 담은 짧은 한마디면 상대의 마음을 움직일 수 있습니다. 아는 자는 말하지 않고, 말하는 자는 알지 못합니다. 그런데 꼭 말해야 한다면, 힘주어 눌러쓴 한마디면 충분합니다.

드러나지 않는 소중함을 찾아라

뛰어난 장수는 무용을 드러내지 않고,
뛰어난 무사는 분노를 드러내지 않는다.
善爲士者不武(선위사자불무) 善戰者不怒(선전자불노)
- 『도덕경』 제68장

노자는 『도덕경』 제68장에서 "뛰어난 장수는 무용을 드러내지 않고, 뛰어난 무사는 분노를 드러내지 않는다"라고 말합니다. 일부 학자들은 『도덕경』을 병서(兵書)로 보기도 하는데, 제68장을 그 근거로 들고 있습니다. 이 장에서 노자가 말한 뛰어난 장수와 무사는 목계(木鷄)와도 같습니다. 목계(木鷄)는 '나무로 만든 닭'이란 뜻으로, 『장자』「달생」편에 등장합니다.

닭싸움을 좋아하는 주나라 선왕이 기성자란 자를 불러 싸움닭을 훈련하도록 명했습니다. 열흘이 지나자, 왕이 기성자를 찾아와 물었습니다.

"이제 훈련이 다 되었는가?"

기성자가 대답했습니다.

"아직 한참 멀었습니다. 자기 기량만 믿고 사납게 날뜁니다."

다시 열흘이 지난 후 왕이 찾아와 물었습니다.

"이제는 훈련이 다 되었는가?"

기성자가 다시 대답했습니다.

"아직도 멀었습니다. 다른 닭의 울음소리나 그림자만 봐도 흥분하여 달려들기에 바쁩니다."

또 열흘이 지나 왕이 기성자를 찾아와 재차 물었습니다. 그러자 기성자가 답했습니다.

"아직입니다. 흥분하여 달려들지는 않지만 적을 노려보며 기운을 감추지 못합니다."

다시 열흘이 지나자 마침내 기성자가 왕에게 말했습니다.

"이제 훈련이 다 되었습니다. 상대가 소리를 지르며 덤벼들어도 조금도 동요하지 않습니다. 마치 나무로 만든 닭과 같아 다른 닭들이 그 모습에 겁을 먹고 도망칩니다. 이제 그 어떤 닭과 싸워도 이길 것입니다."

기성자는 싸움닭에게 중요한 기질로 '감정을 억제하는 능력'을 꼽습니다. 적을 보고도 흥분하지 않고 싸우려는 의지조차 느껴지지 않는 경지에 다다르면, 상대는 지레 겁을 먹고 줄행랑을 친다는 것입니다. 즉 자기 능력을 드러내지 않고 감정을 조절할 줄 알아 우위에 서는 것입니다.

가장 무서운 적은 '잘 모르는 적'입니다. 스스럼없이 자기 능력을 과시하는 사람은 약점도 함께 드러납니다. 그런데 말수가 적고 존재감이 뚜렷하지 않은 사람은 눈에 보이는 것 외에는 아무것도 드러나지 않습니다. 그래서 그가 무엇을 잘하는지, 어떤 결점이 있는지 알기 위해서는 먼저 다가가야 합니다. 끝내 상대의 속내를 알지 못하면 그를 대할 때마다 경계를 늦출 수 없습니다.

드러내지 않을수록 커 보이는 법이다

초 단위로 콘텐츠를 소비하는 시대입니다. 사람들은 3초 안에 시선을 끌지 못하는 콘텐츠는 가차 없이 넘겨버립니다. 그래서인지 자극적인 이야기가 넘칩니다. 짧은 시간에 많은 것을 보여줘야 한다는 압박감은 가진 것을 스스럼없이 드러내게 만듭니다. 그렇게 겉과 속을 모조리 보여준 뒤 사람들의 기억 속에서 사라집니다.

인생에서 진짜 소중한 것은 쉽게 찾을 수 있는 것이 아닙니다. 귀중한 것을 찾기 어려운 이유는 물리적으로 거리가 있어서, 또는 보이지 않는 곳에 숨겨져 있어서가 아닙니다. 그것들은 능력과 감정을 드러내지 않는 무사와 같아서 그 존재를 알아채기가 쉽지 않습니다.

쉴 새 없이 눈앞에 나타나는 것들은 진짜가 아닙니다. 그런 것들 대신 목계처럼 자기 일상을 지켜주는 소중한 존재를 알아차려야 합니다. 항상 곁을 지켜주는 부모님, 배우자, 자녀, 오랜 친구와 같이 자신을 드러내지 않아 더욱 빛나는 존재들 말입니다.

능력과 감정을 드러내지 않는 것은 인생에 큰 도움이 됩니다. 적을 만난다면 차분한 태도로 상대방이 감히 덤빌 용기를 잃게 만들고, 아군을 만난다면 무용을 드러내지 않는 장수처럼 그들의 곁을 지키면 될 테니 말입니다.

삶에서 실천하는 덜어내기

50년을 함께한 금슬 좋은 부부에게 물었습니다.
"반백 년이라는 시간 동안 부부 사이가 좋을 수 있는 비법이 무엇인가요?"
남편이 웃으며 대답했습니다.
"매일 아침에 잠에서 깨면, 옆에 누워있는 아내를 보며 마음속으로 이렇게 말합니다. '나는 오늘 이 여자를 처음 봤다'라고요."
가벼운 유머로 여길 수 있는 이야기지만, 남편이 되뇌는 그 한마디는 소중한 사람과 매일 사랑에 빠지는 경험을 선사하는 귀중한 다짐입니다. 자기의 뛰어남을 자랑하지 않는 사람은, 심지어 감정조차 드러내지 않는 그 사람은 당신이 사랑에 빠져야만 하는 소중한 사람일 수 있습니다. 그렇게 삶에서 드러나지 않는 소중함을 찾아갑니다.

순수함은 곧 솔직함이다

◆
◇

갓난아이의 순수함으로 돌아가라.

復歸於嬰兒(복귀어영아)

-『도덕경』제28장

노자는 『도덕경』 제28장에서 남자다움을 알면서 여자다움을 유지하라고 말한 뒤, 영원한 덕을 품을 수 있는 골짜기가 되어 "갓난아이의 순수함으로 돌아가라"라고 말합니다. 남녀 구분 없이 인간의 가장 원초적인 순수함을 간직한 갓난아이의 모습으로 되돌아가라는 말입니다.

누군가를 원망하는 마음은 쉽게 덜어낼 수 없습니다. 상대에게 내어준 마음이 기대보다 못한 반응으로 돌아올 때 섭섭한 마음이 드는 것은 어쩔 수 없습니다. 그런데 자기 뜻대로 흘러가지 않는 상황을 끝내 받아들이지 못하면 서운함은 미움으로, 미움은 원망으로 변합니다. 이때 자신의 속마음을 솔직하게 표현할 수 있는 사람은 많지 않습니다. 자기 감정을 그대로 드러내는 것을 '자존심 상하는 일'로 여기기 때문입니다. 그래서 말과 행동에 칼날을 숨기고 상대를 공격하기 시작합니다. 앞에서는 웃는 얼굴로 이야기하다가 뒤돌아서 험담하고, 이런저런 이유를 들어 말도 안 되는 지적을 하기도 합니다.

그런데 어린아이는 어떤가요? 어린아이는 자기 감정을 있는 그대로 표현합니다. 기쁘면 웃고, 슬프면 울고, 서운하면 자기를 다시 한번 봐달라고 옷깃을 잡아끕니다. 여느 어른처럼 말과 행동에 칼날을 숨기고 상대에게 상처를 주지 않습니다. 자기 마음의 상처를 상대에게 되돌려주기 위해 아등바등하는 것은 순수함을 잃어버린 행동입니다. 이는 자연스러운 감정 표현이 아닌 마음의 억지를 부리는 것입니다.

'어린아이의 순수함'을 '어른의 순수함'으로 갈무리하라

속마음과 표현이 일치하지 않을 때 관계는 불편해집니다. 뒷담화를 서슴지 않는 사람과는 오래갈 수 없습니다. 그리고 배려받은 마음이 고마우면서도 자존심을 내세우며 날 선 표현을 하는 사람과는 아무도 함께하지 않습니다.

어린아이는 속마음을 있는 그대로 표현합니다. 어른의 눈에는 천방지축으로 보이는 그 모습이 오히려 순수함을 담은 솔직함입니다. 어린아이의 눈망울을 보며 겉과 속이 다르게 행동하는 어른은 없습니다. 떼쓰는 아이에게 미운 감정이

든다고 해서 아이의 뒷담화를 하지 않습니다. 그리고 아이에게 상처를 주기 위해 혀 아래에 칼날을 숨기지도 않습니다.

건강한 관계를 이어가기 위해선 어린아이의 순수함을 배워야 합니다. 아니, 배우는 것이 아니라 누구나 한때 간직하고 있었던 순수함을 되찾아야 합니다. 그리고 그 마음을 어른의 순수함으로 잘 갈무리한다면, 속마음과 표현이 일치하는 솔직한 사람이 될 수 있습니다.

화가 나면 뒷담화하는 것이 아니라, 차분한 어조로 감정의 실타래를 풀어나가 봅시다. 고마움을 전할 땐 윗사람, 아랫사람 구분 없이 마음을 다해 표현해 봅시다. 슬픔이 차오를 땐 눈물을 담아두지 말고 옷깃에 살짝 적셔봅시다. 남들이 재밌어하는 것이라도, 내키지 않는다면 애써 어색한 표정을 지으며 동조하지 말아봅시다.

그렇게 하면 어린아이의 순수함을 되찾은, 솔직한 어른이 될 수 있을 것입니다.

삶에서 실천하는 덜어내기

아이와 함께 편의점에 들렀을 때 일어난 일입니다. 눈을 반짝이며 간식거리를 고르는 아이의 뒤를 따라다니다가 저도 먹고 싶은 간식을 하나 집어 들었습니다. 아이는 먹고 싶은 게 많은지 진열대

사이를 한참 오갑니다.

한 아름 간식거리를 계산한 뒤 편의점을 나섰습니다. 그런데 집에 도착해서 외투를 벗는데 '아차!', 제가 고른 3천 원짜리 쥐포 한 봉지가 겉옷 주머니에 들어있습니다. 손이 바빠 주머니에 넣어둔 것을 미처 계산하지 못하고 가져온 것이었습니다. '사장님이 일부러 계산하지 않고 가져갔다고 오해하면 어쩌지?'라는 생각에 마음이 불편해집니다. 이런저런 고민에 선뜻 집을 나서지 못하고 있는데 아이가 밝게 웃으며 말합니다.

"아빠, 편의점에 다시 가야 하죠? 그럼, 정신 차리고 빨리 가요!"
아이의 손에 이끌려 다시 편의점으로 향합니다. 편의점에 도착해 사장님께 사정을 말씀드리고 죄송한 마음을 전했습니다. 그리고 3천 원을 계산하려는데 아이가 간식거리 하나를 내밉니다. 에둘러 말하지 않고 먹고 싶은 것을 내미는 순수함에 절로 미소가 지어집니다.

맞습니다. 아이는 간식거리를 하나 더 살 수 있을 거라는 희망 때문에 먼저 집을 나섰을 수도 있습니다. 하지만 아이의 밝은 미소 덕분에 '솔직함'이라는 어른의 순수함을 되새길 수 있었습니다.
미안함은 미안한 마음 그대로, 서운함은 서운한 마음 그대로, 기쁨은 느껴지는 그대로 표현하면 되는 것입니다.

싸우지 않고도 이기는 인생의 묘리

◆
◇

적을 잘 이기는 자는 싸움을 피한다.
이것이 싸우지 않고도 이기는 덕이다.
善勝敵者不與(선승적자불여) 是謂不爭之德(시위부쟁지덕)

-『도덕경』제68장

『도덕경』제68장에서 노자는 "적을 잘 이기는 자는 싸움을 피한다"라고 말합니다. 그리고 이어서 '그것이 싸우지 않고도 이기는 방법'이라고 덧붙입니다. 결국 노자는 싸우지 않고 이기는 것이 가장 값진 승리임을 강조하고 있습니다.

어린 시절 봤던 한 만화책에는 이런 장면이 나왔습니다.
나라의 존망을 걸고 두 나라가 전쟁에 돌입했습니다. 양국의 장수는 수많은 전쟁을 승리로 이끈 백전노장이었지만, 이번 전쟁만큼은 승리를 장담할 수 없었습니다. 어느 한쪽이 유리하다고 섣부르게 말할 수 없을 정도로 전세가 팽팽했기 때문입니다. 한 장수가 고민 끝에 상대국의 장수에게 편지를 보냅니다.

"이겨도 지는 것이 전쟁입니다. 모두가 이기는 전쟁은 무엇이라고 생각하십니까?"

그리고 드디어 결전의 날이 다가왔습니다. 비장한 표정으로 대치한 양국의 군사들 앞으로 두 장수가 걸어 나왔습니다. 편지를 보낸 장수가 물었습니다.

"제 물음의 답을 얻었습니까?"

잠시 고민하던 적군의 장수가 대답했습니다.

"밤새 고민해 봤지만, 뚜렷한 답을 얻지 못했습니다. 그런데 지금 그 답을 얻었습니다."

편지를 받은 장수는 마주한 장수가 아무런 무장도 하지 않은 채 서 있는 것을 보고 이어서 말했습니다.

"모두가 이기는 싸움을 오늘 한번 해봅시다."

잠시 뒤, 두 장수의 호령으로 전투가 시작됐습니다. 그런데 양국의 군대는 앞으로 나아갈 뿐 서로 아무런 공격도 하지 않았습니다. 그렇게 전쟁은 부상자 한 명 나오지 않고 끝이 났습니다. 그랬습니다. 모두가 이기는 싸움은 결국 싸우지 않는 것이었습니다.

대접전이 펼쳐져야 했을 장면은 양국 군대의 평화로운 행진이 되고 말았습니다. 그런데 어른이 되어서 보니 '싸우지 않고 이기는 싸움'이야말로 눈부신 명전투라는 것을 깨닫습니다. 큰 희생을 치르고 승리하는 것은 그저 영웅담 하나를 남기는 일일 뿐입니다. 승리의 기쁨보다 상황을 수습해야 하는 막막함이 마음을 무겁게 만듭니다.

정확하게 말하되, 싸움은 피한다

삶은 전쟁이라고 할 만큼 치열합니다. 나서는 길목마다 적이 도사리고, 잠시 쉬기 위해 걸음을 멈추면 경쟁자에게 추월당하고 맙니다. 하루에도 크고 작은 다툼에 휘말리기 십상인데, 어떻게 싸우지 않고 이기는 싸움을 할 수 있을까요?

유독 자주 다투는 사람이 있습니다. 대개 이런 사람은 다툼의 원인이 된 상황을 제대로 알지 못합니다. 부정확한 정보를 남에게 옮기는 일은 스스로 다툼의 소용돌이에 뛰어드는 것과 같습니다. 근거 없이 떠드는 사람은 상대의 관점에서 '생떼를 부리는 진상'으로밖에 보이지 않기 때문에 크고 작은 싸움에 휘말리기 쉽습니다.

그러니 잘 알지 못하는 것은 입에 담지 말고, 입에 담은 말은 정확해야 합니다. 그런데 정확한 정보를 가지고 이야기했음에도 다툼을 피할 수 없는 때도 있습니다. 상대가 내용을 잘 알지 못하거나 작정하고 싸움을 걸어오는 경우입니다. 승자도 패자도 없는 무의미한 싸움이 시작되는 순간입니다. 그런 사람과는 물리적인 거리를 두는 것이 상책입니다.

싸움은 이기든 지든 상처를 남깁니다. 상대를 찍어 눌렀다는 통쾌함은 언젠가 차가운 비수가 되어 자기에게 되돌아오기 마련입니다. 그러니 승리의 기쁨에 취하지도, 복수의 칼날을 가느라 시간을 허비하지도 말아야 합니다. 노자가 말하는 '싸우지 않고도 이기는 덕'은 눈앞에 적군이 있어도 그저 유유히 스쳐 지나가는 것입니다.

삶에서 실천하는 덜어내기

아파트는 현관문 앞의 공간이 어떠한가에 따라 '복도식'과 '계단식'으로 구분됩니다. 한 층의 세대가 하나의 복도를 이용해서 통행하는 구조는 복도식, 두 세대가 마주 보고 그사이에 계단이 있는 구조는 계단식입니다. 그런데 용어가 생소해서 그런지 두 가지 형식을 반대로 기억할 때가 종종 있습니다. 한번은 지인과 인근 아파트 시세에 관한 이야기를 나눈 적이 있습니다.

"그 아파트는 계단식이어서 집값이 잘 오르질 않는 것 같아."

지인의 이야기를 듣고 잠시 머릿속으로 복도식과 계단식 구조의 아파트를 떠올려봅니다. 그런데 분명 내 기억으로는 지인이 말한 아파트는 '복도식'입니다. 순간, 용어를 바로 잡아주고 싶다는 생각이 들었지만 애써 지적하지 않습니다. 사실 그 아파트가 복도식이든 계단식이든 크게 중요하지 않습니다. 그 아파트의 집값이 오르지 않는 이유는 그 문제를 빼고도 수십 가지나 될 테니 말입니다. 그렇게 대화는 다툼없이 기분 좋게 마무리되었습니다.

인생에서 겪는 싸움의 절반 이상은 자신이 만드는 것입니다. 그러

> 니 마음만 고쳐먹으면 얼마든지 다툼을 피할 수 있습니다. 그렇게 일상의 평화를 찾는 것, 그것이 싸우지 않고도 이기는 인생의 묘리입니다.

둥근 모양의 마음이 관계를 평화롭게 만든다

◆
◇

날카로움을 무디게 하여 둥글게 한다.

挫其銳(좌기예)

- 『도덕경』 제56장

노자는 『도덕경』 제56장에서 "날카로움을 무디게 하여 둥글게 한다"라고 말합니다. 땅이 흔들려 산이 갈라지면 날카로운 절벽이 만들어집니다. 그리고 절벽은 오랜 세월 풍파를 맞으며 조금씩 마모되어 갑니다.

그렇게 까마득한 시간이 흘러 날카롭던 절벽은 다시 완만한 산을 이룹니다. 노자가 따르고자 했던 자연의 이치도 날카로움을 무디게 만드는 법입니다.

우리의 삶도 날카롭게 벼리기만 해서는 오래 갈 수 없습니다. 불현듯 생겨난 날카로움을 잘 갈무리해서 무디게 만들어야 부러지지 않습니다. 모난 채로 살아가는 사람은 적이 많을 수밖에 없습니다. 남의 의견을 받아들이지 않고 반박만 하다가는 사소한 논쟁도 다툼으로 번지기 때문입니다.

그러니 자신의 날 선 감정을 '인간관계라는 다듬돌'로 무디게 만들 필요가 있습니다. 다양한 사람을 만나봐야 다양한 생각을 알 수 있고, 자신 또한 다양한 생각을 할 수 있습니다. 그렇게 자기만의 다듬돌을 만들어가야 합니다.

모든 관계는 소중하다

인간관계는 너무 많을 필요는 없지만, 삶의 다양성을 깨닫기 위해서는 어느 정도 유지해야 합니다. 『논어』「술이」편에는 모든 관계에서 배움을 얻을 수 있음을 알려주는 이야기가 실려 있습니다.

"세 사람이 함께 길을 가면 그중에 반드시 나의 스승이 있다. 그 가운데 나보다 나은 사람의 좋은 점을 따르고, 나보다 못한 사람의 좋지 않은 점을 거울삼아 바로잡는다."

이 말은 공자의 말로, 주변의 모든 사람에게서 배울 수 있다는 의미입니다. 사실, 저마다 타고난 본성을 있는 그대로 받아들이고자 했던 노자에게는 '나은 사람', '못난 사람'의 구분이 무의미합니다. 하지만 범인인 우리가 그러한 경지에 이르는 것은 어려운 일이라서 나은 사람, 못난 사람 구분 없이 배우고자 노력하는 것이 맞습니다. 그런 마음이라야 날카로운 자신을 조금씩 무디게 만들 수 있는 것입니다.

볼펜의 심 끝에는 지름이 0.5~1mm 정도로 매우 작은 금속 구슬이 박혀 있습니다. 그 작은 구슬이 종이 위를 구르며 잉크를 조금씩 새어 나오게 해 글씨를 쓸 수 있는 것입니다. 볼펜이 개발된 초창기에는 작은 크기의 금속 구슬을 만드는 기술이 비밀에 부쳐져 몇몇 기업이 시장을 독점하고 있었습니다. 그런 와중에 한 기업에서 구슬을 만드는 데 성공했는데 그 방법은 이렇습니다.

먼저 금속 덩어리를 작은 크기로 가공한 뒤, 철로 된 원통 안에 넣습니다. 그리고 통 안으로 바람을 집어넣어 금속이 날아다니며 벽면에 부딪히게 만듭니다. 금속은 수만 번 벽에 부딪히며 조금씩 마모되어 아주 작은 크기의 구슬로 변해갑니다. 단번에 작은 구슬을 만드는 것이 아니라 여러 번에 걸쳐 다듬는 방법을 고안한 것입니다.

인간관계의 문제는 평생 매달려도 해답을 찾기가 어렵습니다. 홀로 살아갈 수 없는 인생이기에 그 문제를 피하기만 할 수도 없습니다. 그러니 노자의 말처럼 자신의 날카로움을 무디게 하여 둥글게 만들기 위해 노력해야 합니다. 남을 바꿀 수 없다면 날 선 자신을 누그러뜨려야 문제를 심각하게 만들지 않습니다. 그때가 되면 비로소 '자신을 힘들게 하는 사람에게도 배울 점이 있다'라는 공자의 말을 깨달을 수 있게 됩니다.

그렇습니다. 미운 사람을 대하며 속상해하는 것보다 자신을 둥글게 만들어 배울 점을 찾는 것이 정신 건강에 좋습니다.

삶에서 실천하는 덜어내기

한산한 도로 위를 여유롭게 운행하고 있습니다. 그런데 갑자기 한 차량이 끼어듭니다. 급하게 속도를 줄여서 다행히 사고는 나지 않았지만, 가슴이 뜨거워지고 화가 나기 시작합니다. 그리고 저도 모르게 입에서 거친 말이 터져 나옵니다.

누구나 한 번쯤 겪어봤을 상황입니다. 하지만 난폭 운전에 대응하는 방식은 사람마다 다릅니다. 누군가는 별일 아닌 듯 넘기지만, 누군가는 경적을 울리며 뒤따라가 보복 운전을 하기도 합니다. 그런데 한번 화를 내기 시작하면 다음번에는 더 큰 화를 내게 됩니다. 처음엔 거친 말을 쏟다가 그 다음엔 경적을 울리고 그 다음엔 뒤쫓아가 보복 운전을 합니다.

만약 같은 길을 이용해 출근하는 두 사람이 있다고 가정해 봅시다. 한 명은 되도록 화를 내지 않는 운전 습관을 가지고 있는 반면, 다른 한 사람은 보복 운전도 서슴지 않는 운전 습관을 가지고 있습니다. 그 둘의 아침 출근길은 어떤 모습일까요?

먼저 첫 번째 운전자는 매일 아침 출근길이 평화롭기만 합니다. 조금 위험한 상황이 생기더라도 진짜 사고가 나지 않는다면 평화롭기는 마찬가지입니다. 두 번째 운전자의 출근길은 날마다 악몽입니다. 도로 위의 차들은 언제든 돌변해 자신을 위협할 수 있는 흉기라서 한시도 마음이 편치 않습니다. 그리고 자칫 조금이라도 위험한 상황이 벌어지면 자기의 예상이 맞아떨어졌다며 거침없이 욕설을 퍼붓습니다.

인간관계에서도 가슴에 화를 품기 시작하면 그냥 넘길 수 있는 일도 큰 일이 되는 것입니다. 인생에서 수없이 겪는 관계의 문제를 모난 감정을 무디게 만들어주는 보약으로 여기는 건 어떨까요? 둥근 마음을 가진다면 관계의 평화는 자연스레 따라올 것입니다.

효(孝)를 바라기 전에 조건 없는 사랑이 먼저다

가족이 화목하지 않으니, 효자(孝慈)가 생기게 된다.

六親不和(육친불화) 有孝慈(유효자)

-『도덕경』제18장

『도덕경』 제18장에서 노자는 "가족이 화목하지 않으니, 효자가 생기게 된다"라고 말합니다. 부모는 자식을 사랑으로 아끼고, 자식은 부모를 존경하고, 형제간에 우애가 넘치는 가정은 화목합니다. 모든 가족의 모습이 그러하다면 굳이 효(孝)를 강조할 이유가 없습니다. 가족 구성원들 간에 서로 배려하고 존중하는 것은 너무나 당연한 일이기 때문입니다.

하지만 뉴스를 보면 때론 인륜을 벗어난 사건들이 일어나곤 합니다. 그런 자연스럽지 못한 일에 세상 사람들은 가슴 아파하고 각종 규율을 만들어 제재를 가합니다. 노자가 생각한 가장 자연스러운 가족의 모습에는 애초에 효라는 잣대가 필요 없습니다.

그런데 요즘 가족의 모습은 어떤가요? 효를 강조하는 것 자체에 반감을 보이는 사람들이 많습니다. 마치 부모와 자식 간에도 어떤 보이지 않는 계약이 맺어진 것처럼 득과 실을 따지는 것입니다. 부모는 자녀에게 교육비를 들이는 만큼 성적이 오르길 기대하고, 자녀는 다른 부모들처럼 넉넉한 환경에서 자라길 바랍니다. 서로에게 기대하는 만큼 실망하는 일이 많아지고 결국 가정 내에서 효의 의미를 되새길 기회가 사라집니다. 우리는 모두 부모도 처음, 자식도 처음인 생을 살아가고 있습니다. 그러니 뒤늦게 후회한다 해도 또 한 번의 부모, 자식으로 살아갈 수 없기에 지금을 잘 살아야 합니다.

조건 없는 사랑의 실천

어느 순간부터 '무조건적인 사랑'이라는 표현을 쓰지 않게 되었습니다. 오히려 자기 것을 한없이 내어주는 것을 어리석은 일로 여기기까지 합니다. 가족 내에서도 말입니다.

아동 전문가들의 말에 의하면, 부모도 자기를 돌볼 줄 알아야 한다고 합니다. 아이에게 매여 있기만 하면 자존감은 낮아지고 삶에 활력이 줄어들어 오히려 육아에 힘을 쏟지 못한다는 것입니다. 맞는 말입니다. 하지만, 이 말을 잘못 해석한 일부 부모들은 오로지 자기 즐길 거리를 찾아 나서며 '나에게도 휴식이 필요해'라고 합리화합니다. 육아는 힘든 것이 맞습니다. 힘들지 않은 육아를 찾다가는 아이에게 꼭 필요한 사랑을 줄 수 없습니다.

아이가 커가면서 아이의 생각을 들어주고 공감하기 위해 노력한 적이 얼마나 있는지 생각해 봐야 합니다. 아이의 말과 행동은 어른의 관점에서는 터무니없는 것이 많습니다. 하지만 아이에겐 그것이 자연스러운 생각의 표현입니다. 그래서 아이의 말에 무조건 반대하기보다 일단 들어주고 인정하는 자세가 필요합니다. 자기 생각을 들어주고 인정해 주는 부모에게 반발심을 가질 아이는 없습니다. 부모가 아이를 존중할 때 아이도 부모를 존경하는 것입니다.

그런데 자식이 잘못했을 때는 단호하게 바로 잡아주어야 합니다. 같은 반 친구를 괴롭힌다거나 물건을 훔친다거나 함부로 쓰레기를 버린다거나 했을 때는 주저 없이 그 행동을 하지 않아야 하는 이유를 말해줘야 합니다. 하지만 평소 부모와 자식 간에 사랑을 기반으로 한 신뢰가 없다면 부모의 타이르는 말은 자식의 반발심을 키울 뿐입니다.

화목한 가정을 이루기 위해서는 부모의 조건 없는 사랑이 먼저입니다. 아이의 말에 한 번 더 귀 기울이고 그 뜻을 존중해주는 부모 밑에서 자란 자녀는 마음에 새겨진 부모의 사랑을 잊지 않습니다. "내가 널 어떻게 키웠는데"라는 말을 입버릇처럼 하는 부모치고 아이의 말을 진지하게 들어주는 사람이 없습니다. 그런 부모는 자식에게 조건을 단 사랑을 주며 마치 아이를 위해 자기를 희생한다고 생각하는 사람입니다.

무조건적인 사랑은 자기희생에 가깝습니다. 하지만 그 희생은 노자가 꿈꿨던 '효를 찾지 않아도 되는 화목한 가정'을 이루는 유일한 방법입니다.

삶에서 실천하는 덜어내기

하루는 아이가 이런 질문을 건넸습니다.
"아빠, 사랑이라는 건 정확히 뭘 말하는 거야?"
8살 딸아이에게는 '사랑'이라는 단어의 의미가 모호했던 모양입니다. 그런데 아이의 질문을 받고 나니 순간 머릿속이 하얘집니다. 고민을 거듭하다가 아이의 눈높이에 맞춰 대답해 줍니다.
"음, 자기 손안에 사탕을 기꺼이 친구에게 나눠 주는 마음 같은 거야."
딸아이는 조금은 이해했다는 듯 고개를 끄덕입니다.
그날 저녁, 가족이 외식하러 나갔습니다. 메뉴는 딸아이가 좋아하는 돈가스였습니다. 아내와 저는 각자의 음식을 받아 들고는 자기 접시 한편에 있는 과일을 집어 동시에 아이의 접시에 올려줬습니다. 그러자 아이는 엄마와 아빠를 번갈아 보며 이렇게 말했습니다.
"엄마 아빠, 사랑 잘 먹을게요."
엄마와 아빠의 마음을 알아주는 아이가 기특하기만 합니다.
사랑은 바라지 않을수록 큰 사랑이 되어 돌아오는 법입니다.

경솔함은 관계의 독이다

◆
◇

경솔하면 곧 근본을 잃게 된다.
輕則失本(경즉실본) 躁則失君(조즉실군)
- 『도덕경』 제26장

『도덕경』 제26장에서 노자는 "경솔하면 곧 근본을 잃게 된다"라고 말합니다. 경솔한 사람은 자연스럽게 흘러가는 일을 어지럽게 흐트러뜨립니다. 제1차 세계 대전 발발의 원인은 민족 감정을 자극하는 오스트리아 황태자 프란츠 페르디난트의 발언 때문이었습니다. 그는 자기가 한 말로 인해 세르비아 청년에게 암살당하는데, 이것이 오스트리아가 세르비아에 전쟁을 선포하는 계기가 되었습니다. 그의 경솔한 말 한마디가 수천만 명의 목숨을 앗아간 전쟁을 일으킨 것입니다.

노자의 이 말은 관계의 문제에서도 똑같이 적용됩니다. 생각이 깊지 못한 사람은 말과 행동에 신중함이 없습니다. 그런 경솔함이 관계에서의 근본, 즉 배려하는 마음을 잊게 만듭니다. 좋은 관계는 말하기 전에 한 번 더 생각하는 신중함에서 비롯되는 것입니다.

『논어』「양화」편에는 "길에서 들은 이야기를 그대로 길에서 만난 다른 사람에 전하는 것은 덕을 버리는 것이다"라는 말이 나옵니다. 공자 또한 말할 때는 신중해야 한다는 것을 강조했습니다. 사실 여부의 확인 없이 생각 없이 떠드는 사람은 인간관계가 좋을 수 없습니다. 설령 사실인 이야기더라도 상대를 배려한다면 쉽게 떠벌여서는 안 됩니다.

경솔한 말 한마디가 관계를 망친다

최근 들어 표정이 어두운 친구가 있습니다. 그리고 누군가가 그 친구 이야기를 하며 이렇게 말합니다. "혹시 걔 남자 친구랑 헤어진 게 아닐까?"라고 말입니다. 그 이야기를 듣고 그럴 수도 있겠다는 짐작을 해봅니다. 그리고 며칠 뒤 다른 사람을 만났는데, 또다시 그 친구 이야기가 나옵니다. 그래서 나도 모르게 이렇게 말합니다. "요즘 그 친구 표정이 어두운 게 왠지 남자 친구랑 헤어진 것 같아"라고요. 짐작을 넘어 확신에 찬 눈빛으로 말하니 상대도 수긍한다는 듯 고개를 끄덕입니다. 그런데 여기서 문제가 생깁니다. 나의 말을 전해 들은 상대가 그 당사자인 친구에게 가서 이렇게 물은 것입니다. "○○가 그러는데 너 남자 친구랑 헤어졌다며?"

이야기는 돌고 돌아 짐작이 확신으로 그리고 사실이 되어 당사자에게 전해졌습니다. 사실과 다른 소문을 들은 친구는 화가 났고 결국 나와의 관계를 끝내버렸습니다. 가볍게 내뱉은 말 한마디가 평생 친구가 될 수도 있었을 인연을 떠나보낸 것입니다.

이와 비슷한 경험을 가진 사람이 꽤 많습니다. 평소 우리가 내뱉는 말은 생각보다 가볍다는 것을 알아야 합니다. 오늘 하루의 모든 대화 중 신중하게 고민하고 꺼낸 말이 얼마나 있는지 되짚어보십시오. 곰곰이 생각해 보면 입에 밴 습관대로 생각하고 말하고 있다는 것을 깨닫습니다. 어쩌면 매 순간 자신도 모르게 경솔한 말을 내뱉으며 소중한 인연을 밀어내고 있을지 모릅니다.

다시 한번 말하지만, 좋은 관계를 유지하는 근본은 바로 '배려하는 마음'입니다. 상대를 아낀다면 그에 대한 나쁜 말은 입에 담지 않습니다. 설령 좋은 말이더라도 당사자에게 하는 것이 아닌 한 함부로 전하지 않습니다. 즉 관계에서의 근본, 배려하는 마음을 지키려면 신중할 수밖에 없는 것입니다. 경솔한 자는 관계의 근본을 스스로 무너뜨리는 사람입니다.

혹시 주변에 경솔하게 말하는 사람이 있다면 평소 그의 말 습관을 살펴봐야 합니다. 만약 그의 말 속에 상대를 상처 입히려는 의도가 담겨 있다면 더 이상 그를 볼 이유가 없습니다. 그런 사람은 관계의 근본을 잃어버린 사람이기 때문입니다.

하지만 굳어버린 말 습관 자체가 가볍다고 생각된다면, 그가 관계의 근본까지는 잃어버리지 않도록 이야기해 줄 필요가 있습니다. 경솔하게 뱉은 말이 이후 어떤 결과를 불러올지에 대해서 말입니다. 그가 당신과의 관계를 소중하게 생각한다면, 그 말을 듣고 관계의 근본을 되새길 것입니다.

소중한 관계일수록 경솔함은 버리고 신중함을 키우는 지혜가 필요합니다.

삶에서 실천하는 덜어내기

영화 <올드보이>의 주인공은 학창 시절 생각 없이 한 말 때문에 15년이나 감금된 채 군만두를 먹어야 했습니다. 우연히 학교에서 한 학생의 치부를 목격한 주인공은 그 사실을 친구에게 말하고 전학을 가버립니다. 주인공의 경솔한 말은 무성한 소문을 만들어냈고 결국 소문의 당사자를 죽음으로 내몹니다. 그리고 오랜 시간이 지난 뒤 누군가가 주인공에게 복수하는 내용으로 영화는 시작됩니다.

경솔하면 곧 근본을 잃게 됩니다. 노자의 이 말을 가슴 깊이 새겨야 합니다. 하루에도 많은 사람을 만나고 대화를 합니다. 오고 가는 말의 무게를 측정할 수는 없지만 적어도 가늠할 수는 있어야 합니다. 입을 열기도 전에 새어 나와 흩어져버리는 말이라면 도로 삼키는 것이 좋습니다. 그 정도로 가볍다면 분명히 진중하지 못한 이야기일 테니 말입니다. 말의 무게를 더하는 것이야말로 경솔함으로부터 멀어지는 최고의 방법입니다.

정확하게 아는 사람은 관계가 단단하다

◆
◇

병을 병으로 알아야 병이 되지 않는다.
夫唯病病(부유병병) 是以不病(시이불병)
-『도덕경』 제71장

노자는 『도덕경』 제71장에서 "병을 병으로 알아야 병이 되지 않는다"라고 말합니다. 어떤 현상을 정확하게 인지해야 앞으로 일이 어떻게 진행될지 제대로 알 수 있습니다. 노자는 이러한 이치를, 병을 예로 들어 설명한 것입니다.

요즘 걷기, 뛰기가 열풍입니다. 하지만 무리해서 걷고 뛰다 보면 발바닥에 이상 신호가 옵니다. '며칠 쉬면 괜찮아지겠지'라는 생각으로 방치하면 족저근막염에 걸려 수개월을 고생해야 합니다. 발바닥의 뻐근함을 병의 전조 증상으로 인지하지 못해 스스로 병을 키우는 것입니다.

뭐든 정확하게 알아야 상황을 두루 살필 수 있습니다. 이는 대화를 하는 데도 마찬가지입니다. 대화 중에 오해가 생기는 이유는 서로가 인지하는 내용이 다르기 때문입니다. 즉 한쪽이나 양쪽 모두 상황을 정확하게 알지 못해서 대화가 매끄럽게 이어지지 못하는 것입니다. 그러니 뭐든 조금 더 정확하게 알기 위해 노력해야 관계를 평화롭게 유지할 수 있습니다.

조금 더 알기 위해 노력하라

대화할 때 특정인의 이름이나 지명, 또는 영화의 제목 같은 것을 정확하게 이야기하는 사람이 있습니다. 내심 속으로 '저렇게까지 외우려면 꽤 힘들겠다'라는 생각마저 듭니다. 그런데 그 사람의 대화를 살펴보면 막힘없이 이어지는 것을 알 수 있습니다. 그리고 정확한 정보를 가지고 이야기하니 상대방을 설득하는 데도 유리합니다.

어떤 정보를 조금 더 정확하게 아는 것은 외우는 능력의 차이가 아닙니다. 이는 습관의 차이입니다. 뭐든 어렴풋하게 알고 넘어가는 습관이 단순한 이름 세글자도 머릿속에 새기지 못하게 만드는 것입니다. 조금 더 알기 위한 노력은 대화의 질을 높이고 상대의 신뢰를 얻는 데 큰 도움이 됩니다. 그러니 새로운 내용을 보고 들었을 때 작게나마 자기 입으로 되뇌는 연습을 해보십시오. 한 글자도 놓치지 않고 정확하게 말입니다. 그러한 노력이 물 흐르듯 자연스러운 대화를 가능하게 합니다.

어떤 두 사람이 이런 대화를 나누고 있다고 생각해 봅시다.

"내가 예전에 정말 재밌게 봤던 영화가 있는데, 제목이 뭐더라. 주인공이 조금 모자라는데 달리기도 잘하고 전쟁에 나가서 사람도 구하고 말이야. 나중에는 수염을 기르고 달리기까지 했거든."

상대방이 도무지 알 수 없다는 듯이 고개를 갸우뚱하면 어떨까요? 그렇게 손짓발짓하며 대화를 이어가지만, 그 영화 제목이 무엇이었는지는 알 수가 없었습니다. 이 대화는 알맹이 없이 영화 제목을 맞추는 퀴즈 시간이 되어버렸습니다. 만약 말하는 사람이 영화의 제목을 정확히 알고 있었다면 대화는 이렇게 흘러갔을 겁니다.

"내가 예전에 〈포레스트 검프〉라는 영화를 굉장히 재밌게 봤는데, 혹시 너도 아는 영화니? 주인공이 지능은 부족하지만, 삶을 긍정적으로 살아가는 모습이 정말 인상 깊었거든. 그리고 주인공이 사용하는 어휘가 쉬운 편이라 이번에 그 영화 대사집을 구해서 회화 공부를 시작했어."

단순히 영화 제목을 기억한 것만으로도 상대에게 자신의 이야기를 막힘없이 전합니다. 이렇듯 조금 더 정확하게 말할 때 대화의 질은 높아지고 관계는 단단해집니다. 노자의 말대로 병을 병으로 알아야 병이 되지 않습니다. 이를 관계에 대입해 보면 '어설픔을 어설픔으로 알아야 관계를 망치지 않는다'라고 말할 수 있습니다. 그러니 단순한 이름 세글자라도 정확하게 알기 위해 노력해야 합니다.

지금 상대에게 전하고자 하는 말 속에 어떤 정보가 담겨 있나요? 그리고 그 정보는 정확한가요? 만약 어렴풋한 기억 속 정보를 끄집어낼 작정이라면 다시 한번 내용을 확인할 필요가 있습니다. 조금 더 알기 위해 노력할 때 진짜 대화를 시작할 수 있습니다.

삶에서 실천하는 덜어내기

요즘 사람들의 문해력이 낮아졌음을 걱정하는 목소리가 있습니다. '금일'을 '금요일'로, '십분 이해'를 '10분 이해'로, '심심한 사과'에서 '심심'을 지루하고 따분하다는 뜻으로 이해한다는 기사를 접합니다. 사실 대부분 생소한 한자어인 경우가 많아 일상에서 자주 쓰는 단어는 아닙니다. 이러한 단어를 알고 모르고의 차이가 지식 수준의 차이를 의미하는 것은 아닙니다. 또 잘 알지 못한다고 해서 부끄러워할 일도 아닙니다. 다만 정보를 정확하게 전달하고 이해하기 위해서는 최소한의 문해력은 갖추고 있어야 합니다.

만약 한번 접한 단어가 생소하다면 조금 더 정확하게 알기 위해 노력해야 합니다. 삼십 년 전만 해도 어린 학생이 있는 가정에는 국어사전이 있었습니다. 책을 읽다가 모르는 단어가 나오면 국어사전을 뒤져가며 뜻을 알기 위해 애썼습니다. 기억은 감각이 더해질 때 더 뚜렷해지는 법입니다. 사전을 넘기는 감촉, 종이책 특유의 냄새, 손가락으로 공간을 짚어가는 과정은 머릿속에 단어를 새기기에 부족함이 없었습니다. 하지만 요즘은 모르는 단어가 나와도 애써 찾아보지 않습니다. 단어의 뜻을 정확히 알지 못하더라도 넘치는 영상들이 해설을 대신하기 때문입니다.

이제 생소한 단어를 접한다면 조금 더 적극적으로 알기 위해 노력해 보십시오. 그렇게 알게 된 단어들은 수많은 관계로 얽혀있는 나의 일상을 단단하게 만들어줄 겁니다. 상대에게 전하는 말은 정확하고, 그 말을 전해 들은 상대는 보답으로 '신뢰'를 줄 테니 말입니다.

바른말은 내뱉는 순간 틀린 말이 된다

바른말은 마치 틀린 말과 같다.

正言若反(정언약반)

- 『도덕경』 제78장

『도덕경』 제78장에서 노자는 "바른말은 마치 틀린 말과 같다"라고 말합니다. 노자의 '역설의 논리'가 또 한 번 등장합니다. 바른말이면 바른말이지 그것이 왜 틀렸다는 걸까요? 노자는 애써 바른 일을 '바르다'라고 표현할 이유가 없다고 말하는 것입니다. 세상 만물의 타고난 본성을 중요하게 여기는 노자에게 '바른 일', '그른 일'의 구분은 무의미합니다. 누군가에게는 참인 것이 다른 누군가에게는 거짓이 될 수 있습니다. 본성에 따라 그리고 생활 환경에 따라 저마다 기준이 다르기 때문입니다.

요즘은 그 어느 시대보다 가치의 기준이 다양합니다. 세상이 복잡해지는 만큼 매일 새로운 분야가 생기고 어제의 실수가 오늘의 성공이 되기도 합니다. 그래서 옳고 그름, 좋음과 나쁨, 아름다움과 추함의 기준은 시시각각 변합니다. 노자의 말처럼 바른말을 내뱉는 순간 그것이 지칭하는 것이 사라져 버리거나 전혀 다른 무언가로 변해있을지도 모릅니다.

아무리 좋은 충고도 충고일 뿐이다

만약 누군가에게 인생의 선배로서 충고를 해주고 싶다면, 그 말은 내뱉는 순간 '틀린 말'이 된다는 것을 알아야 합니다. 열심히 공부하는 자식에게 이렇게 말한다고 가정해 봅시다.

"좋은 대학에 가야 인생이 편해진단다. 그러니 조금 쉬고 싶더라도 한 글자를 눈에 더 새겨 넣어라. 지난번 성적이 떨어진 과목은 이번에 꼭 만회하도록 해!"

자식은 공부를 열심히 해야 하는 이유를 그 누구보다 잘 알고 있습니다. 또 좋은 대학에 가고 싶은 마음은 부모보다 더하면 더했지, 절대 덜하지 않습니다. 자신이 이미 알고 있는 이야기를 상대가 강경한 어조로 되풀이한다면 반감이 생기는 것은 당연합니다. 아무리 바른말이라도 듣는 사람 입장에서는 거슬리는 충고로밖에 들리지 않는 것입니다.

인생은 타고난 본성으로 스스로 헤쳐 나가야만 합니다.

지난날을 돌이켜보면 수많은 조언과 충고 속에서도 선택은 오로지 자신의 몫이었다는 것을 깨닫습니다. 그리고 누군가로부터 아무리 명쾌한 답을 들어도 자기 마음에 내키지 않으면 애써 다른 길을 택했습니다. 맞습니다. 노자의 말처럼 바른말은 누군가에게 전해지는 순간 틀린 말이 됩니다. 우리는 모두 자신만의 기준에 따라 스스로 답을 찾고 있으니 말입니다.

때론 "내 인생은 누군가로부터 지대한 영향을 받았다"라고 말하는 사람이 있습니다. 하지만 그런 사람조차 인생 멘토의 배울 점을 직접 선택했음을 알 수 있습니다. 자기가 선택한 배움만이 인생을 다지는 거름이 되는 것입니다.

아무리 좋은 충고도 충고일 뿐입니다. 만약 누군가에게 바른말을 하고 싶다면 그 말은 내뱉는 순간 충고가 되어 허공에 흩어지게 된다는 것을 깨달아야 합니다.

삶에서 실천하는 덜어내기

차에 타자마자 뒤도 돌아보지 않고 아이에게 말합니다.
"딸, 안전띠 매야 해."
뒷좌석 카시트에 앉아 있던 딸아이가 무심하게 대답합니다.
"아빠, 그 이야기는 언제쯤 그만할 거야."
아이의 반응이 귀여워 "항상"이라고 답해줍니다.

목적지에 도착해 주차하고 시동을 끄려는데, 뒤차와의 간격이 좁은 듯해서 조금 앞으로 차를 옮깁니다. 그런데 딸아이가 기다렸다는 듯이 내게 말합니다.

"아빠, 안전띠 매야지!"

바른말이었습니다. 몇십 센티미터 차를 옮기더라도 안전띠는 매야 했습니다. 그런데 왠지 모를 억울한 마음이 듭니다. 그날 이후로 차에 타서 딸아이에게 안전띠를 매라고 말하는 대신 고개를 돌려 이렇게 말합니다.

"딸, 안전하게 출발해 볼까?"라고 말입니다.

노자의 말대로 아무리 바른말도 상대에게 전해지는 순간 '유쾌하지 않음'이라는 감정을 남깁니다. 그러니 자기가 생각하는 바른말은 되도록 마음에 담아두도록 합니다.

4장

나를 다스리는 힘

자신과는 치열하게 경쟁하라

◆
◇

오직 경쟁하지 않기 때문에 천하에 그와 다툴 자가 없는 것이다.
夫唯不爭(부유부쟁) 故天下莫能與之爭(고천하막능여지쟁)
-『도덕경』제22장

　노자는 『도덕경』 제22장에서 "오직 경쟁하지 않기 때문에 천하에 그와 다툴 자가 없는 것이다"라고 말합니다. 삶에 억지힘을 빼야 한다고 주장하는 노자에게 있어서 다툼은 자연스러움을 거스르는 일입니다.
　인생을 살아가면서 더 가지려고 하고, 더 잘하려고 하고, 더 뽐내려고 하다가는 경쟁의 굴레를 벗어날 수 없습니다. 그렇게 치열한 경쟁 속에서 삶은 다툼으로 가득 차게 되는 것입니다. 공자 또한 군자의 덕목으로 다투지 않아야 함을 강조했습니다. 『논어』「팔일」편에는 다음과 같은 말이 나옵니다.

　"군자는 다투는 일이 없지만 굳이 있다고 한다면 그것은 활쏘기다. 서로 절하고 양보하며 활 쏘는 자리에 오르고, 내려와서는 벌주를 마시니 그 다투는 모습이 군자답다."

공자는 "군자는 다툼을 멀리해야 하지만, 굳이 다퉈야 한다면 예를 갖추고 승패에 연연하지 않는 활쏘기면 족하다"라고 말합니다. 공자가 바라본 군자들의 활쏘기 대결은 다툼이 아닌 배려의 장이었습니다. 이렇듯 경쟁하지 않고 다툼을 멀리해야 삶에 평온함이 깃드는 것입니다.

경쟁의 상대는 자기 자신

요즘 같은 시대에 경쟁을 피하기만 해서는 성장을 이룰 수 없습니다. 경쟁은 다툼의 불씨가 되기도 하지만 실력을 다지는 기회의 장이 되기도 합니다. 경쟁을 피할 수 없다면 다툼이 아닌 '성장을 이끄는 경쟁'을 하기 위해 노력해야 합니다.

경쟁은 상대가 있어야 가능합니다. 그런데 그 상대를 외부에서 찾으려고 하면 다툼을 피할 수 없습니다. 홀로 등산하는 사람을 생각해 봅시다. 그는 비탈길을 오르며 정상을 향해 나아갈 뿐, 그 누구와도 경쟁하지 않습니다. 중간에 포기하고 싶어질 때 그가 이겨내야 하는 상대는 오직 자기 자신입니다. 마음을 다잡고 '한 걸음 더!'를 외칠 수 있어야 정상에 오를 수 있는 것입니다.

자기 자신과의 경쟁은 아무리 치열해도 상처를 남기지

않습니다. 오히려 경쟁이 거듭될수록 심연에 자리한 걱정과 불안, 고민은 사라지게 됩니다. 그러니 성장을 위해 경쟁해야 할 상대는 남이 아닌 자기 자신임을 깨달아야 합니다.

운동경기에서 좋은 성적을 내고 싶다면 남의 기록에 관심을 두지 말아야 합니다. 그것은 경쟁의 대상을 외부에 두고 상처뿐인 다툼을 준비하는 것과 같습니다. 그러니 오직 자신의 기록에만 집중해야 합니다. 현재 자기 실력을 제대로 파악하고 부족한 부분을 보완하기 위해 노력하는 것입니다. 그리고 중간중간 맞닥뜨리는 자신과의 경쟁은 피하지 않고 기쁘게 응합니다. 남이 아닌 자신과의 경쟁에서 승리할 때 진정한 성장을 이룰 수 있습니다.

야구의 인기가 연일 치솟고 있습니다. 천만 관중 시대에 접어들어 구단들도 막대한 금액을 투자하고 있습니다. 그리고 무엇보다 인기의 중심에는 뛰어난 실력을 갖춘 선수들이 있습니다. 몇몇 선수들은 한국 프로야구에서 쌓은 경력을 바탕으로 미국 메이저리그에 진출하기도 합니다. 매년 한두 명의 선수가 미국으로 향하는데 뚜렷한 성과를 거둔 선수는 많지 않습니다. 이와 관련된 기사를 검색해 보면 이런 내용이 눈에 들어옵니다.

'○○○ 선수, 빅리그 성공적 안착을 위해 타격자세 수정 중'

선수들은 보통 어린 시절부터 수십 년 동안 야구만 한 선수들입니다. 그들에겐 저마다 고유한 타격자세가 있습니다. 그리고 그들이 국내에서 쌓은 성적은 바로 그 타격자세로 얻어낸 것입니다. 그런데 하루아침에 타격자세를 수정한다는 게 도무지 이해되지 않았습니다. 새로운 자세를 익히려고 노력한 선수들은 안타깝게도 몇 년 내 국내로 복귀하는 사례가 많았습니다.

그런데 최근 메이저리그로 진출한 한국 선수 중 준수한 성적을 거둔 선수가 있습니다. 그 선수는 국내에서도 한차례 타격자세를 수정하려다 부침을 겪은 뒤 본래의 자세로 회귀한 경험이 있었습니다. 그 선수의 해외 진출에 관한 기사를 검색해 보니 타격자세에 관한 특별한 내용이 없습니다. 아마 메이저리그에서도 본래의 타격자세를 유지하는 듯합니다.

빅리그용 타격자세를 따라 하려는 마음은 경쟁상대를 외국인 타자, 즉 외부에 두기 때문에 생겨납니다. 빠른 공에 대비하기 위해 무턱대고 자세를 수정하려다 보니, 가지고 있던 장점을 잃어버린 것입니다. 경쟁은 남이 아닌 자신과 하는 것입니다. 자기와의 경쟁이 치열하면 치열할수록 오늘보다 나은 내일을 맞이할 수 있습니다.

삶에서 실천하는 덜어내기

할아버지가 물려주신 작은 농지가 있습니다. 아버지가 그 땅에 몇 가지 작물을 키우고 계셨는데, 바쁘다는 핑계로 몇 년간 들르지 못했습니다. 그러다가 오랜만에 밭에 들렀습니다. 그런데 밭 한편에 묘하게 생긴 솜뭉치가 매달려 있었습니다. 아버지께 솜뭉치의 용도를 묻자 멋쩍게 웃으시며 대답하셨습니다.

"새총 과녁이야."

새총이라니요, 단어도 낯설었지만, 새총 과녁이 매달려 있는 것도 이상했습니다. 아버지께 재차 이유를 물으니 이런 얘기를 해주셨습니다. 한동안 마음 안팎으로 힘든 일이 있어서 그걸 잊기 위해 재미 삼아 새총을 만들어 쏘셨다는 이야기를. 처음에는 장난으로 시작한 일이 마음의 근심을 덜어내는 데 큰 도움이 되었다고 합니다.

그리고 아버지는 그동안 연습한 새총 실력을 제게 보여주었습니다. 깜짝 놀랄만한 솜씨였습니다. 새총에서 쏘아져 나온 구슬은 주먹만 한 솜뭉치를 정확하게 맞췄습니다. 심지어 작은 담배꽁초도 거침없이 맞추는 것이 신기(神技)에 가까웠습니다.

어쩌면 아버지가 쏘는 새총이 하잘것없어 보일지 모릅니다. 하지만 아버지는 새총의 고무줄을 수만 번 잡아당기며 심연에 깃든 근심을 덜어내고 계셨습니다. 오로지 자기에게 집중하며 외부로 향하는 마음을 안으로 모아 자신과 경쟁하고 또 경쟁했습니다.

살다 보면 의미 없는 경쟁 같이 느껴지는 일들이 있습니다. 저는 그럴 때마다 아버지의 새총을 떠올립니다. 아무도 없는 너른 땅에서 숨을 고르고 솜뭉치를 향해 작은 구슬 한 발을 쏩니다. 한 발이 부족하면 열 발을, 열 발이 부족하면 수백 발을 쏘며 헛된 마음을 비워냅니다.

작은 일은 결국 큰 일이다

큰 일을 하려는 자는 그 작은 일부터 한다.
세상의 어려운 일은 반드시 쉬운 일에서부터 시작하고
세상의 큰 일은 반드시 작은 일에서부터 일어난다.
이런 이치로 성인은 끝까지 일을 크게 벌이지 않는다.
그래서 결국에는 큰 일을 이룰 수 있게 되는 것이다.

天下難事必作於易(천하난사필작어이) 天下大事必作於細(천하대사필작어세)
是以聖人終不爲大(시이성인종불위대) 故能成其大(고능성기대)

- 『도덕경』 제63장

노자는 『도덕경』 제63장에서 "큰 일을 하려는 자는 그 작은 일부터 한다"라고 말합니다. 이는 누구나 아는 이치입니다. 단번에 인생의 큰 묘리를 깨달아 행동하는 족족 이치에 맞아 들어가기란 불가능합니다.

수백 개의 찻잔을 똑같은 모양으로 빚어내는 장인도 처음에는 허술하기 짝이 없습니다. 도자기 장인은 젊은 날, 고운 흙을 고르는 일부터 시작해 진흙을 반죽하며 손의 감각을 익힙니다. 쉬운 일부터 하나씩 배워나가면서 점점 장인의 태가 나는 것입니다. 그렇게 수십 년 동안 기술을 갈고닦아서 마침

내 눈을 감고도 같은 모양의 도자기를 빚어내는 장인의 경지에 다다릅니다.

인생도 마찬가지입니다. 하루아침에 이뤄지는 것은 없습니다. 복권 당첨과 같은 일은 일생에 한 번 올까 말까 한 행운일 뿐입니다. 오히려 그런 행운은 삶을 어지럽히는 불순물 같은 것들입니다. 큰 일을 이루는 방법은 노자의 말대로 쉬운 일을 하나씩 해나가는 방법이 유일합니다.

쉬운 일에도 강한 의지가 필요하다

복권에 당첨되려면 어떻게 해야 할까요? 용하다는 점집에 가서 번호를 받아봐야 할까요? 아니면 꿈자리가 좋아야 할까요? 아닙니다. 일단 복권을 사야 합니다. 복권도 사지 않은 채 1등 당첨의 꿈을 꾸는 사람이 많습니다. 주기적으로 복권을 사는 일은 단순한 듯하지만, 일상의 동선에 복권 판매점이 없다면 쉽지 않은 일입니다.

쉬운 일도 실행하기 위해선 생각보다 강한 의지가 필요합니다. 어떤 일을 '쉬운 일'이라고 여기는 순간, 언제든 할 수 있다는 마음에 처리하기를 미루기 때문입니다. 쉽게 여기는 그 마음이 오히려 일의 시작을 어렵게 만드는 것입니다. 그래서 쉬운 일일수록 마음을 다잡아야 합니다. 집안 바닥에 떨어진 휴지 조각을 보며 '언제든 치울 수 있다'라는 생각이 든다면, 주변을 돌아보십시오. 널브러진 온갖 잡동사니에 차분한 일상을 이어가기가 어렵다는 것을 깨닫게 될 것입니다.

대부분의 직장인은 어려운 일에 매몰되어 하루를 보냅니다. 단번에 성과를 내려고 욕심을 부릴수록 자기 실력으로 해결할 수 없는 난제에 매달립니다. 그럴 땐 어려운 일이 아닌 사소한 일부터 하나씩 처리해야 합니다.

그렇다면 '쉬운 일'이란 도대체 어떤 일을 말하는 것일까요? 누구나 손쉽게 할 수 있는 일은 쉬운 일이 맞습니다. 그런데 그 일을 지금 당장 할 수 없다면 얘기가 달라집니다. 아무리 일의 난도가 낮아도 거쳐야 하는 절차가 많거나 물리적으로 떨어져 있어 당장 손을 댈 수 없다면 쉬운 일이 아닙니다.

그러니 지금 할 수 있는 일을 찾는 것이 먼저입니다. 간단한 예로 자기에게 주어진 업무와 관련된 서적을 찾아본다든지, 유사한 사업의 계획서를 읽는다든지, 하다못해 관련자와 식사하며 업무와 관련된 이야기를 자연스럽게 시작한다든지 하는 일들을 생각해 볼 수 있습니다. 단번에 큰 결실을 얻지 못해도 괜찮습니다. 지금 할 수 있는 일을 찾아 조금씩 해나가다 보면 언젠간 목표에 도달한 자신을 발견할 수 있습니다.

삶에서 실천하는 덜어내기

장 지오노가 지은 소설 『나무를 심은 사람』은 작은 일이 어떻게 큰 일을 이루는 기반이 되는지를 보여줍니다. 소설의 주인공 엘제아르 부피에는 50대 중순의 나이로 가족 없이 홀로 살고 있었습니다. 꼼꼼한 성격의 그는 황량했던 산에 나무를 심기 시작합니다. 3년간 무려 10만 그루의 도토리나무를 심고, 이어서 자작나무도 심었습니다. 시간이 흘러 황량했던 산과 들은 초목이 살아 숨 쉬는 비옥한 터전으로 바뀌었습니다. 이윽고 먼지바람 일던 그곳은 사람들이 모여드는 풍요로운 마을이 되었습니다.

매년 식목일이 되면, 이곳저곳에서 '나무 심기' 행사를 합니다. 지금껏 '나무 한 그루 심는다고 산이 변하겠어?'라는 생각으로 행사 소식을 흘려보냈습니다. 그런데 이제는 아이의 손을 잡고 지역 행사장을 들릅니다. 시간이 여의치 못한 때에는 주말에 가족과 함께 시골 밭 근처에 묘목을 심습니다. 아마도 그 일을 멈추지 않는다면 5년, 10년, 20년 뒤에는 작은 동산 하나쯤은 만들어질지 모릅니다.

우리의 삶은 완전하지 않습니다. 모두의 삶이 미생인 것입니다. 하지만 완생이 되기 위해선 어찌 됐든 바둑돌 하나를 놓는 일, 즉 착수(着手)해야만 합니다. 때론 손에 집어 든 바둑돌이 무거워 성급하게 내려놓을지라도, 그 작은 한 수가 우리 삶을 완생으로 이끌어 줄 겁니다.

일상은 약한 것으로 채워야 단단해진다

◆
◇

약함을 유지하는 것이 도의 작용이다.
弱者道之用(약자도지용)
-『도덕경』제40장

　『도덕경』제40장에서 노자는 "약함을 유지하는 것이 도의 작용이다"라고 말합니다. 즉 자연법칙을 따르는 무위의 삶을 살기 위해선 강함을 좇는 것이 아닌, 약한 것을 오래 유지할 수는 있는 힘을 길러야 합니다.
　우리의 삶은 크고 강한 것으로 이루어진 것이 아닙니다. 오히려 큰 행복, 큰 불행은 생에 한두 번 찾아올까 말까 한 일입니다. 일확천금을 바라며 사는 일은 찾아오지 않는 손님을 기다리며 진수성찬을 차리는 것과 같습니다. 그러니 일상의 소소한 행복과 기쁨을 놓치지 않기 위해 노력해야 합니다.
　루시 모드 몽고메리가 지은 세계적인 명작『빨간 머리 앤』에는 이런 대사가 나옵니다.

"정말로 행복한 나날이란 멋지고 놀라운 일이 일어나는 날이 아니라 진주알들이 하나하나 한 줄로 꿰어지듯, 소박하고 자잘한 기쁨들이 조용히 이어지는 날들인 것 같아요."

자잘한 기쁨의 연속이 바로 행복입니다. 입가에 작은 미소가 지어지는 사소한 기쁨이 모여 행복을 이루는 것입니다. 그러니 삶에서 행복을 찾든 성공을 찾든, 큰 것이 아닌 작고 약한 것에 집중해야 합니다.

약한 것이 삶을 이룬다

만약 산을 오르다 눈앞에 큰 나무가 쓰러져 있다면 어떻게 해야 할까요? 나뭇가지를 헤치며 기둥을 타고 넘거나 길을 뚫기 위해 도끼질을 해대는 사람이 있을까요? 없습니다. 대부분 에둘러 가거나 다른 길을 찾습니다. 이렇듯 눈에 보이는 장애물은 맞서지 않고 피하면 그만입니다. 크고 강하지만 우리 삶에 아무런 영향을 미치지 않는 것들은 결코 강하다고 말할 수 없는 것입니다.

반면, 길을 지나다 얼굴에 거미줄을 뒤집어쓰면 아무리 손을 저어 거둬 내려 해도 쉽게 떨어지지 않습니다. 한없이 가느다란 거미줄이지만 생각보다 오랜 시간 불편함을 줍니다. 거미줄은 단위 면적당 인장 강도와 탄력이 강철보다 무려 5배가 높습니다. 또 거미줄은 유연하고 점성이 높아 한번 잡은 먹잇감을 쉽게 놓아주지 않습니다. 바람에 흩날리는 유약한 실오라기지만 절대로 약하지 않은 것입니다. 우리가 삶에서 찾아야 하는 것은 바로 거미줄과 같이 유연하지만 강한 것들입니다.

삶 곳곳에 흩어져있는 약한 것을 찾았다면, 약한 것을 강하게 만들기 위해 노력해야 합니다. 이때 '강하다'라는 것은 시선을 압도할 정도로 크거나 거친 것을 말하는 것이 아닙니다. 유연하지만 쉽게 사라지지 않고 아무리 손을 저어 거둬 내려 해도 사라지지 않는 '보이지 않는 강함'을 뜻합니다.

평소 사소하다고 여기던 일은 일상이라는 천을 짜는 데 필요한 실 한오라기입니다. 만약 그 실이 거미줄과 같은 인장력을 가진다면, 당신의 일상을 엮어낸 천은 아무리 짓이겨도 찢어지지 않을 만큼 단단해질 것입니다.

삶에서 실천하는 덜어내기

집안일은 시간을 들여도 티가 나지 않는 것이 사실입니다. 베란다 한편에 놓인 분리수거함에 플라스틱병을 넣어두려는데 수거함이 가득 차서 빈 곳을 찾기가 쉽지 않습니다. 아슬아슬하게 플라스틱병을 쌓아두고는 생각합니다.
'분리수거함이 왜 이렇게 작은 거야?'

그리고 잠시 뒤, 수거함을 삐져나온 플라스틱 통 몇 개를 비닐봉지에 담아서 갖다 버립니다. 하루가 지나고 분리수거함 앞에 서자 또다시 빈 곳을 찾기가 곤란해집니다. 돌탑을 쌓듯 재활용품을 올려두고는 뒤돌아서 아내에게 말합니다.
"분리수거함이 너무 작은 거 같아. 큰 걸로 바꿀까?"
그러자 아내가 대답합니다.
"여보, 분리수거함은 넘치기 전에 비워야 하는 거야."
크기가 작은 것을 탓할 게 아니었습니다. 분리수거함이 적당히 찼을 때 비워야 했습니다. 가득 차오른 수거함을 보며 집안일을 게리한 자신을 반성합니다. 집안일을 사소하다고 여기는 마음이 언제든 수거함을 비울 수 있다고 착각하게 만들었습니다. 사소한 일을 중요하게 여기고 꾸준히 해내는 마음이 필요합니다. 그런 마음이 우리의 일상을 이루는 약한 것을 강하게 만듭니다.
이제 분리수거함 앞에 서서 망설이지 않습니다. 적당히 비어 있는 수거함에는 언제나 한두 개의 플라스틱 통이 들어갈 정도의 여유 공간이 있기 때문입니다.

뛰어남도 모자람도 그저 주어지는 것이다

자신을 아끼지만 스스로 존귀하게 여기지 않는다.

自愛不自貴(자애부자귀)

- 『도덕경』 제72장

노자는 『도덕경』 제72장에서 "자신을 아끼지만 스스로 존귀하게 여기지 않는다"라고 말합니다. 세상의 중심은 자기 자신인 것이 맞습니다. 하지만 자기를 너무 사랑한 나머지 연못에 뛰어드는 우를 범해서는 안 됩니다. 그것은 자신을 스스로 죽음으로 몰아넣는 일입니다.

그리스 신화에 등장하는 나르키소스는 수면에 비친 자기 모습을 사랑한 나머지 연못에 빠져 죽고 맙니다. 여기서 유래한 것이 바로 자기애성 성격장애, 나르시시즘입니다. 이런 성향의 사람들은 자기 우월감이 지나쳐 타인에 대한 공감 능력이 부족합니다. 또 자신이 최고라고 여기기에 누군가와 비교

되는 상황을 참지 못합니다. 그래서 늘 주변으로부터 인정받기를 바라고 자기보다 뛰어난 자를 시기합니다.

'뛰어남'은 그저 주어지는 것이다

그렇다면 자신을 스스로 아끼지만 귀하게 여기지 않으려면 어떻게 해야 할까요?

'주판알 튕겨보면 다 안다'라는 말이 있습니다. 어떤 일을 할 때 손익계산을 따져본다는 의미로 쓰이는 관용구입니다. 전자계산기가 널리 보급되기 전인 1970년대만 해도 주판은 각종 회계 관련 업무에 꼭 필요했습니다. 그 당시 주판알을 빠르게 튕기며 막힘없이 계산하는 실력은 필수적인 업무능력으로 꼽혔습니다. 그런데 지금은 어떤가요? 요즘 아이들은 주판을 알지 못합니다. 혹여 실물을 보더라도 발바닥 마사지 도구로 여길 정도입니다. 한 세기도 지나지 않아 주판알을 튕기는 능력은 쓸모가 없어진 것입니다.

'실력 있다'라는 평가는 사회적 가치가 변하고 기술이 발전함에 따라 시시각각 변합니다. 그러니 현시점에서 인정받는 능력도 수십 년 뒤, 아니 몇 년 뒤에는 아무도 찾지 않는 기술이 될지 모릅니다. 그래서 한 개인의 특별함은 타고난 신체 조건과 능력이 사회적 요구에 부합될 때 붙여지는 하나의 간판일 뿐입니다. 유행이 지나 찾는 사람이 없어지면 간판을 떼고 문을 닫아야 하는 것입니다.

자신을 귀하게 여기지 않으려면 손바닥 뒤집듯 사라져 버릴 재능에 집착해서는 안 됩니다. 남이 인정하는 알량한 능력에 기대어 우월감에 빠졌다가는 자신도 모르는 사이 깊은 연못에 한 발을 담그게 되는 것입니다. 나의 뛰어남도 상대의 뛰어남도 그저 주어지는 것입니다. 그리고 그 뛰어남이란 것은 하룻밤 사이 모자람으로 바뀔 수도 있습니다. 이러한 이치를 깨닫는다면 스스로 존귀하다고 여기지 않고, 남과 자신을 비교하며 일희일비하지 않을 수 있습니다.

태어난 이상, 이 삶을 온전히 누리는 것만이 자신을 아끼는 유일한 방법입니다. 인생은 그저 타고난 본성에 따라 자연스럽게 흘러가는 것입니다. 그리고 그 시작은 자신을 특별하다고 여기지 않고 남과 나를 있는 그대로 바라보는 마음가짐입니다.

삶에서 실천하는 덜어내기

타고난 재능이 곧 실력이 되는 분야가 있습니다. 예를 들면 축구, 농구, 수영과 같은 스포츠입니다. 장신인 사람과 단신인 사람은 농구 골대와의 거리만큼 실력 차이가 날 수밖에 없습니다. 또 팔다리가 긴 사람이 짧은 사람보다 물에서 추진력을 얻기가 쉽습니다. 만약 타고난 재능이 운동 실력에 미치는 영향을 수치로 측정할 수 있다면 넉넉히 칠할은 될 겁니다.

시대가 추대하는 스포츠 영웅은 항상 변해왔습니다. 축구가 전 세계적으로 인기를 끈 것은 200년이 채 되지 않습니다. 농구는 그보다도 짧습니다. 그리고 지금, 이 순간에도 새로운 스포츠는 끊임없이 생겨나고 있습니다. 최근 십여 년 동안 e스포츠라고 불리는, 신체활동이 극도로 줄어든 새로운 영역까지 개척되었습니다.

지금 키가 작아도, 팔다리가 짧아도 괜찮습니다. 언젠가 자신에게 꼭 맞는 옷을 입는다면 누구보다 높이 날아오를 수 있을 테니 말입니다. 반대로 지금 빨리 달린다고 우쭐해할 이유가 없습니다. 느린 걸음으로 오래도록 걷는 사람을 '승리자'라고 부르는 시대가 분명히 올 것이기 때문입니다. 그러니 당신은 유난히 잘 나지도 못나지도 않은, 그저 무한한 가능성을 지닌 존재인 것입니다.

어려운 시험일수록 문제의 지문이 긴 편입니다. 그래서 지문을 빨리 읽어 나가야 시간 안에 문제를 모두 풀 수 있습니다. 어렸을 때부터 글자를 곱씹으며 느리게 읽는 것을 좋아했던 저는 점점 늘어나는 지문 길이에 힘든 학창 시절을 보내야 했습니다. 하지만 글을 느리게 읽는 습관은 글을 쓰는 데는 최고의 재능이었습니다. 한 문장을 완성하기 위해선 쓰고 지우기를 수십 번 반복해야 하는데, 저에게 그 과정은 그리 어려운 일이 아니었습니다. 오히려 같은 내용을 다른 문장 구조로 표현하는 일이 재밌기까지 했습니다. 그렇게 느리게 읽는 재능으로 꾸준하게 글을 쓰고 있습니다.

자신에게 주어진 것들은 모두 잘 간직해야 합니다. 그것들은 언젠가 꽃피울 소중한 재능의 씨앗이기 때문입니다.

약간 모자라야 삶의 조화를 이룰 수 있다

진정한 성공은 약간 모자란 듯하지만, 그 쓰임에 부족함이 없다.
大成若缺其用不弊(대성약결기용불폐)
- 『도덕경』 제45장

노자는 『도덕경』 제45장에서 "진정한 성공은 약간 모자란 듯하다"라고 말합니다. 그리고 그 모자란 것이 오히려 제 역할을 해낸다고 덧붙입니다. 뭐든 꽉 채우는 것이 성공이 아닙니다. 더군다나 조화를 이루는 삶을 원한다면 더더욱 비워내야 합니다.

물병에 물을 채우고 미숫가루를 크게 한 숟가락 떠 넣습니다. 그리고 가루가 잘 녹아들도록 뚜껑을 닫고 흔들어줍니다. 그런데 이때 물병에 물이 가득 차 있으면 한참을 흔들어도 가루가 덩어리째 그대로 남아 있게 됩니다. 물병에 어느 정도 여유 공간이 있어야 물과 가루가 자리를 바꿔가며 제대로 섞일 수 있는 것입니다. 이처럼 꽉 채우지 않고 약간 부족해야 완전한 조화를 이룰 수 있습니다.

우리의 마음도 마찬가지입니다. 마음을 온갖 감정으로 채워 넣어 여유가 사라지면 아무리 흔들어도 섞이지 않는 감정의 덩어리를 남기게 됩니다. 그러니 마음도 꽉 채우는 것이 아닌 약간 모자란 것이 좋습니다. 감정의 덩어리가 여백을 오가며 완전히 녹아들 수 있도록 말입니다.

'모자람'은 실패가 아니다

등산의 목적은 정상에 도달하는 것이 아닙니다. 가장 높은 봉우리에 오르는 것만이 목적인 사람은 눈 돌릴 틈 없이 앞만 보며 내달려야 합니다. 그래야 해가 지기 전까지 무사히 산에서 내려올 수 있기 때문입니다. 그런데 정상만 바라보며 내달리다가는 길 곳곳에 핀 예쁜 들꽃, 아름다운 새소리, 기분 좋은 바람을 느낄 수 없습니다. 살아 숨 쉬는 자연을 만끽하고자 한다면 오히려 정상에 도달하지 않겠다는 마음이어야 합니다.

시선을 산 정상에만 고정하지 말고, 산 전체에다 두면 달라집니다. 먼저 손가락을 뻗어 정상으로부터 한 뼘 아래에 보이지 않는 점을 찍습니다. 그리고 그곳을 향해 천천히 걸으며 아름다운 색을 드리운 들꽃과 나풀거리는 나비, 골짜기에서 불어오는 산들바람을 온전히 느껴봅니다. 산 정상에 오르는 것에 집착하지 않자, 감정의 응어리들이 자연과 뒤섞여 조화를 이루기 시작합니다. 그렇습니다. 자연을 따르는 삶은 정상을 향해 걷는 것이 아닙니다. 오히려 모자람을 자처할 때 조화로운 삶에 한걸음 가까워지는 것입니다.

결핍을 실패로 여기는 시대입니다. 사람들은 먹거리든 정보든 즐길 거리든, 뭐든 쉽게 얻을 수 있기에 하나라도 부족하면 견디지 못합니다. 멈춰야 할 때를 알지 못하고 깎아지르는 절벽 아래로 자신을 내던지는 꼴입니다. 이제는 조금 부족한 것이 진정한 성공이라는 것을, 그리고 그렇게 생겨난 인생의 여유가 완전한 쓰임을 위한 밑거름이 되리라는 것을 알아야 합니다. 그러면 자연스레 조화로운 삶을 살 수 있습니다.

삶에서 실천하는 덜어내기

오스트리아의 동화책 『저 아름다운 초원을 봐』에는 끝없이 채우려고만 하는 인간의 욕심이 어떻게 자연을 파괴하는지 나옵니다.

한 무리의 사람들이 자동차를 타고 드넓은 초원에 도착했습니다. 사람들은 녹색빛 가득한 들판과 깨끗한 개울물, 지저귀는 새를 보며 말합니다.
"차도 없고 길도 없어요. 회색빛 집들도 없고 냄새나는 공장들도 없어요."

"여기엔 초원뿐이에요. 변하지 않고 늘 이랬으면 좋겠어요."
한동안 사람들은 자연과 더불어 지내며 몸과 마음의 쉼을 얻었습니다. 하지만 초원을 오가는 길이 불편해지자 도로를 만들고, 비바람을 피하려고 집을 짓고, 일자리를 만들기 위해 공장을 짓습니다. 그리고 원하는 물건을 사기 위해 백화점까지 짓습니다.
시끄러운 도시를 떠나 자연을 찾았던 사람들은 제 손으로 나무를 자르고 땅을 파헤쳐 아름다운 초원을 잿빛 도시로 만들어버렸습니다. 그곳에는 더 이상 초록 풀도, 지저귀는 새도, 맑은 개울물도 없었습니다. 결국 사람들은 도시로 변해버린 초원을 버리고 새로운 보금자리를 찾아 떠납니다. 그리고 또 다른 초원을 발견한 사람들은 서로를 돌아보며 말합니다.
"또다시 어리석은 일을 하면 안 돼요. 이번에는 알겠죠?"

부족함 없이 꽉 채우려고만 하는 것은 지금 손안의 푸르름을 잊고 편리함만을 좇는 일입니다. 조금 모자라야 스스로 반성할 여지가 생깁니다. 그러니 때론 삶에 너무 많은 것을 들이지는 않았는지 살펴야 합니다. 나무가 사라지고 새들이 떠날 때마다 "초원은 아직 넓고 충분하죠"라고 외치는 동화 속 사람들의 어리석은 모습을 거울 속 자신에게서 찾지 않으려면 말입니다.

초조함을 버려야 오래 걸을 수 있다

아름드리나무도 털끝 같은 싹으로부터 자라나고, 높은 구 층 누각도
한 줌 흙이 쌓여서 세워지며, 천 리 길도 한 걸음부터 시작된다.
合抱之木生於毫末(합포지목생어호말) 九層之臺起於累土(구층지대기어누토)
千里之行始於足下(천리지행시어족하)

- 『도덕경』 제64장

『도덕경』 제64장에서 노자는 "아름드리나무도 털끝 같은 싹으로부터 자라나고, 높은 구 층 누각도 한 줌 흙이 쌓여서 세워지며, 천 리 길도 한 걸음부터 시작된다"라고 말합니다. 작은 싹, 한 줌 흙, 한 걸음은 그 자체로는 하잘것없어 보입니다.

그런데 하루가 이틀이 되고 열흘이 되고 수년에 이르면, 싹은 제법 나무의 태를 갖추고 한 줌 흙은 구 층 누각의 무게를 견뎌낼 만큼 단단한 터가 됩니다. 그리고 한 걸음씩 걸어온 길은 어느새 수백 리에 다다릅니다.

어떤 일을 할 때 가장 가파른 성장을 보이는 구간은 초반

입니다. 외워야 할 내용, 주의해야 할 점, 섬세하게 다뤄야 할 것, 힘을 주어야 할 순간 등 익히고 배우는 모든 것들이 성장의 발판이 됩니다. 그렇게 가파른 성장곡선을 타고 기초를 다지고 나면 정체기가 찾아옵니다. 어떤 일이든 마찬가지입니다. 끝없이 발전할 것만 같지만 눈에 보이는 성과는 점점 줄어듭니다. 그때 가장 먼저 찾아드는 감정은 바로 '초조함'입니다. 노력에 비해 이루는 것이 없다는 생각은 사람을 조급하게 만듭니다.

하지만 어제보다 나아진 것 하나 없는 오늘인 것 같아도 초조해할 이유가 없습니다. 성장곡선은 계단형이기 때문입니다. 수평으로 이어지는 구간을 잘 견뎌내면, 어느 순간 응집된 노력이 만개하여 직각으로 뻗어 올라 가는 것입니다.

초조함을 버릴 때 성장할 수 있다

어제와 같은 오늘, 그리고 별반 다를 것 같지 않은 내일을 살아가는 것처럼 느껴질 때가 있습니다. 지금의 노력이 연기처럼 사라져 버릴지도 모른다는 불안감을 안은 채 말입니다. 맞습니다. 한 줌 흙에 한 줌 흙을 더한다고 해서 큰 변화가 일어나지 않습니다. 하지만 그 작은 일을 꾸준히 하는 사람만이 다음 계단을 오를 수 있다는 사실을 깨달아야 합니다.

꾸준히 앞으로 나아가기 위해서 버려야 할 것은 '초조함'입니다. 요즘 사람들은 인플루언서 타이틀처럼 단기간에 부와 명예를 얻는 일에 열광합니다. 소비되는 콘텐츠의 길이는 점점 더 짧아지고, 아무리 유명한 가수의 노래도 나오기가 무섭게 음원 순위에서 사라집니다.

이런 흐름은 책을 대하는 사람들의 마음가짐도 바꿔놓았습니다. 가장 최근에 발표된 '국민 독서실태 조사'의 결과를 보면 우리나라 성인 10명 중 7명은 1년에 단 한 권의 책도 읽지 않는 것으로 나타났습니다. 사람들은 더 이상 문장을 음미하며 책장을 넘기는 일에 관심을 두지 않습니다. 뭐든 빠르게 소비하고 당장 손에 잡히는 결과만을 좇고 있습니다. 하지만 조각난 정보에 매몰된 채 정신없이 내달려서는 진짜 성장을 이룰 수 없습니다. 초조함을 버리고 책장 속 문장을 되새기며 읽는 진중함이 필요합니다. 그렇게 책을 한 장씩 넘기며 마지막 장에 이르렀을 때 비로소 다음 계단에 오를 수 있는 것입니다.

어제와 같은 오늘, 그리고 내일을 살아가도 괜찮습니다. 진짜 성공은 보통의 일상을 지치지 않고 살아가는 이에게 주어지는 선물이기 때문입니다.

삶에서 실천하는 덜어내기

아이가 비장한 표정을 지으며 말합니다.

"아빠, 내가 하는 거 잘 봐."

그러더니 눈앞의 계단을 향해 성큼 뛰어오릅니다. 그런데 생각보다 계단이 높았던지 아이는 그만 균형을 잃고 넘어졌습니다. 아이는 눈물을 훔치며 이야기합니다.

"한 번에 세 계단까지 오를 수 있었는데……."

한 발에 세 계단, 아이에겐 조금 무리였습니다. 그래서 아이를 다독이며 말해줍니다.

"딸, 한 번에 한 계단씩 꼭꼭 밟으면서 오르면 아빠처럼 튼튼해져."

그러자 아이는 바지를 털고 일어서더니 냉큼 두 계단을 뛰어오르며 말합니다.

"나한텐 두 계단이 딱이야."

때론 짧은 다리로 더 높이 뛰어오르려고 아등바등합니다. 그럴 때마다 균형을 잃고 쓰러져 여기저기 생채기가 남습니다. 이제는 한 계단씩 오르는 꾸준함이 더 값지다는 것을 압니다. 인생은 단거리 경주가 아닙니다. 눈앞에 보이는 결승점은 인생에서 수없이 지나야 할 경유지 중 한 곳일 뿐입니다. 그러니 한 번에 한 계단씩 오르며 되도록 멀리 봐야 합니다.

그래도 잠깐의 여흥이 필요하다면 마음 놓고 뛰어오를 수 있는 두 계단이면 족합니다.

삶을 무겁게 만드는 세 가지

성인은 지나침과 사치함, 교만함을 멀리한다.
是以聖人(시이성인) 去甚去奢去泰(거심거사거태)

- 『도덕경』 제29장

노자는 『도덕경』 제29장에서 "성인은 지나침과 사치함, 교만함을 멀리한다"라고 말합니다. 우리가 삶에 더해야 하는 무게는 지나침, 사치스러움, 교만함에서 비롯된 근심덩어리가 아닙니다. 진중함, 너그러움, 그리고 자연스러움과 같이 더할수록 마음이 가벼워지는 지혜입니다.

인생이라는 여행은 생각보다 긴 여정입니다. 눈 깜짝할 사이 지금에 이른 것 같지만 켜켜이 쌓아 올린 시간은 절대 짧지 않습니다. 잠깐 지금까지 살아온 순간들을 다시 한번 되돌아봅시다. 그간의 여행은 어땠나요? 가벼운 발걸음으로 걷는 행복한 시간이었나요? 아니면 근심을 내려놓지 못하고 땅만 보며 걷는 고통의 시간이었나요?

모두에게 주어진 시간은 같지만, 삶의 모습은 저마다 다릅니다. 인생을 즐거운 여행길로 만들기 위해선 몸과 마음을 가볍게 만들어야 합니다. 그래야 내딛는 걸음이 사뿐하고, 고개를 들어 아름다운 풍경을 즐길 수 있습니다. 그런데 주변을 돌아보니 이를 실천하는 일이 쉽지만은 않습니다. 자신을 포함해 함께하는 모든 사람에게서 발걸음을 무겁게 만드는 근심거리를 찾을 수 있기 때문입니다.

지나침, 사치스러움, 교만함을 멀리해야 인생이 가벼워진다

먼저 노자는 지나침을 멀리해야 한다고 말합니다. 지나친 것은 말 그대로 넘치는 물잔과 같습니다. 물은 오목한 잔에 차오르다가 넘쳐흐르기 직전에 잠시 볼록한 면을 유지합니다. 거기에 물 한 방울을 더하는 순간, 매끈한 수면은 모양을 잃고 쏟아져 내립니다. 그렇게 한번 넘친 잔에는 전과 같은 볼록한 면이 만들어지지 않습니다. 쏟아져 내리는 물이 흐름을 만들어 한 방울보다 많은 양의 물이 흘러내리기 때문입니다. 가득 차다 못해 넘쳐흐르면 본래 지니고 있던 것마저 잃게 되는 것입니다.

그러니 비대해진 마음에 한 방울의 욕심을 보태는 것은 곧 흘러내릴 욕망을 만드는 일입니다. 지나침을 멀리해야 마음의 잔이 넘치지 않습니다.

노자가 멀리해야 한다고 강조한 또 다른 한 가지는 사치스러움입니다. 분에 넘치는 옷을 입고 벌이에 맞지 않는 차를 타는 사람을 보면 어떤 생각이 드나요? 그런 사람을 진심으로 부러워할 사람은 없습니다. 오히려 자기의 부족함을 애써 포장하려는 모습에 측은한 마음마저 듭니다. 가진 것에 비해 큰 것을 바라다가는 그 무게에 짓눌려 제대로 된 삶을 살아갈 수 없습니다. 인생은 천천히 다지고 조금씩 쌓아 올리는 것이 맞습니다. 『도덕경』 제64장에 나오는 "천 리 길도 한 걸음부터 시작된다"라는 말은 사치함을 멀리하는 근본이 됩니다.

아무리 값비싼 신발을 신어도 한 번에 열 걸음을 걸을 수 없습니다. 그러니 발에 맞는 편안한 신발을 신고 천천히 걸어야 삶의 무게를 덜 수 있습니다.

마지막으로 멀리해야 할 것은 교만함입니다. 노자는 『도덕경』 전반에서 자신을 내세우지 않아야 한다고 말합니다. 그것이 자연법칙을 따르는 삶이며, 하지 않음으로써 행하는 덕이라고 강조합니다. 자신을 내세우기 바쁜 사람은 콧대가 높습니다. 그런데 남이 아닌 스스로 세운 콧대는 언젠가는 부러지고 맙니다. 교만함을 버려야 남을 있는 그대로 바라볼 수 있습니다. 각자의 타고난 본성을 인정할 때 나에게 있고 그에게 없는 그것을 더 이상 자랑하지 않습니다. 그제야 비로소 자신을 내세우지 않는 사람이 되는 것입니다.

지금, 짊어진 삶의 무게가 버겁게 느껴진다면 마음의 잔이 넘치고 있지는 않은지 살펴 봅시다. 그리고 가진 것에 비해 너무 먼 곳을 바라보고 있지는 않은지, 자신을 스스로 내세우고 있지는 않은지도 함께 생각해 봅시다. 그렇게 마음을 비우면 가벼운 발걸음으로 인생이라는 긴 길을 걸어갈 수 있습니다.

삶에서 실천하는 덜어내기

아이와 나들이를 나섰습니다. 한참을 놀던 아이가 나를 보며 안아 달라고 보챕니다. 다리가 아파서 더 이상 걸을 수 없다는 이유였습니다.
그런데 갑자기 아이의 눈이 반짝이기 시작합니다. 나비 한 마리가 아이 곁으로 유유히 날아든 것입니다. 아이는 반색하더니 이내 나풀거리는 나비를 따라 뛰어다닙니다. 그런 아이가 귀여워 농담 섞인 한마디를 합니다.
"딸, 못 걷겠다고 하지 않았어?"
그러자 아이가 웃으며 대답합니다.
"걷는 건 힘든데, 뛰는 건 안 힘들어."
그렇습니다. 아이에겐 뛰기 위해 내딛는 한 걸음이 천천히 걷는 한 걸음보다 훨씬 더 가벼웠습니다. 걷든 뛰든 같은 한 걸음입니다. 그 한 걸음의 무게를 더하는 이도 더는 이도 자기 자신임을 깨닫습니다.

이제 유영하는 나비를 따르며 걸음마다 즐거움은 채우고 근심은 덜 수 있기를 바랍니다.

무한한 공간에서 찾는 진정한 자유

> 정말 큰 사각형에는 모서리가 없다.
> 大方無隅(대방무우)
> - 『도덕경』 제41장

노자는 『도덕경』 제41장에서 "정말 큰 사각형에는 모서리가 없다"라고 말합니다. 사각형을 무한히 넓게 확장하면 면과 모서리의 구분이 사라집니다. 큰 사각형을 전체적으로 바라볼 수 있는 존재만이 평평한 면과 꺾어지는 모서리를 확인할 수 있습니다. 우주에서 먼지와 같은 존재인 우리에게 큰 사각형의 면과 모서리는 모두 같아 보입니다.

어떤 상황을 더 큰 범주에서 바라볼 수 있다면 도무지 해결할 수 없을 것만 같던 난제도 의외로 쉽게 해결할 수 있습니다. 마치 무한히 확장하는 사각형의 날카로운 모서리가 사라지는 것처럼 말입니다.

멀리서 보면 푸른 봄이다

『장자』「칙양」편에는 와각지쟁(蝸角之爭)의 기원이 되는 이야기가 나옵니다. 와각지쟁은 '달팽이 뿔 위에서의 싸움'이란 뜻입니다. 달팽이는 아무리 커도 사람의 손바닥을 벗어나지 않습니다. 그런 작은 존재의 뿔, 즉 더듬이는 또 얼마나 작을까요. 달팽이 뿔 위에서 두 나라가 국운을 걸고 전쟁을 벌입니다. 치열한 전투로 죽은 자가 수만에 달하고, 추격전은 보름이나 계속됩니다. 그런데 사람의 눈에 비친 달팽이는 유유히 지나갈 뿐입니다. 작은 달팽이, 그리고 눈에 보이지 않을 만큼 작은 더듬이 위에서의 싸움은 사람에게 큰 의미가 없는 것입니다.

우리는 일상 곳곳에 작은 사각형을 만들어두고 그 안에 자신을 가둡니다. 코앞에 와닿은 사각형의 면을 따라 걷다가 모서리라는 변곡점을 만나 시련에 빠지는 것입니다. 한시라도 빨리 틀을 깨고 자유를 얻고 싶지만, 도무지 빈틈이 보이지 않습니다. 이때 필요한 것은 자기를 둘러싼 사각형을 무한히 넓게 확장하는 지혜입니다. 손 닿을 거리에 있는 사각형의 면을 뒤로 미루고 미뤄 면과 모서리의 구분이 사라지게 되면, 지금 당신이 안고 있는 걱정의 절반은 덜어낼 수 있습니다. 그렇게 무한히 확장한 사각형 속에서 진정한 자유를 얻을 수 있습니다. 모서리를 시련으로 여기지 않을 때, 비로소 드넓은 공간에서 걷고 뛰며 자기 능력을 마음껏 펼칠 수 있는 것입니다.

뭐든 멀리서 보면 푸른 봄입니다. 달팽이 뿔 위에서의 치열한 전투도, 눈앞의 시련도, 예리한 사각형의 모서리도 될 수 있는 한 멀리서 바라봅니다. 그렇게 형상과 경계가 희미해질수록 일상은 평화로워집니다.

일상에서 꼬일 대로 꼬인 일을 푸는 방법은 문제에 매달리는 것이 아니라 한 발 떨어져 생각하는 것입니다. 대부분 사람은 문제 상황이 발생하면 자나 깨나 그 일을 생각하느라 제대로 자지도 먹지도 못합니다. 문제를 풀기 위해 골몰하지만 해답으로부터 점점 멀어지게 되는 것입니다.

2022년, 수학 부문에서 최고의 영예로 여겨지는 필즈상을 수상한 허준이 교수는 한 인터뷰에서 이렇게 말했습니다.

"오래 수학 연구를 하기엔 지구력이 떨어져 하루 4시간 정도 연구 활동을 한다. 그리고 집안일하며 머리를 식히고 다음 날 새로운 마음으로 집중해 공부할 준비를 한다."

천재 수학자의 하루 연구 시간은 4시간이었습니다. 세계적 난제를 해결하려면 잠자는 시간도 아껴가며 연구에 몰두해야 할 것 같은데, 그의 연구 시간은 일반 회사원의 하루 근무시간보다 짧습니다.

우리가 겪는 일상의 문제가 세계 석학들이 수십 년을 매달려야만 하는 난제인가요? 분명 아닐 겁니다. 그 누구도 풀지 못한 난제의 답을 얻는 데에도 하루 4시간의 집중력이면 충분했습니다. 하물며 우리가 겪는 일상의 문제들이야. 결국 지나친 몰입으로 문제에 매몰될 때, 문제는 진짜 문제가 되는 것입니다.

삶에서 실천하는 덜어내기

해변에서 수평선을 바라봅니다. 끝없이 펼쳐진 바다와 하늘을 가르는 시원한 경계선입니다. 사람의 눈으로 인식할 수 있는 범위 안에서는 분명 직선입니다. 그런데 우리는 알고 있습니다. 지구의 둘레 중 한 부분인 수평선은 곡선이라는 것을 말입니다. 사람의 관점에서 무한히 확장된 곡선은 직선인 것입니다.

몇 날 며칠을 붙잡고 늘어지는 고민을 잠시 놓아보세요. 문제에서 한발 물러서는 순간, 이리저리 꼬이고 모가 나 보이던 그 일은 어느새 시원하게 뻗은 수평선처럼 안정감을 찾아갈 겁니다.

수능의 결과 발표날, 저는 그때 손에 받아든 세 자리 숫자가 인생의 전부인줄 알았습니다. 하지만 20년이 훌쩍 지난 지금에는, 그 숫자가 기억도 나지 않습니다. 회사 최종 면접에서 아쉽게 떨어진 기억도 몇 년이 지나면 잊혀지기 마련입니다. 인생을 길게 내다보면 일생일대의 사건도 스쳐지나는 한 순간이라는 것을 깨닫습니다. 그러니 눈앞의 숫자에 매몰되어 자기 인생을 예단할 필요가 없습니다.

만약 지금의 고민이 인생의 전부라고 느껴진다면, 삶을 무한히 확장하는 지혜가 필요합니다.

에필로그

정말 큰 그릇은 완성되지 않는다.

大器免成(대기면성)

-『도덕경』제41장

'대기만성(大器晚成)'이라는 잘 알려진 사자성어가 있습니다. '큰 그릇은 늦게 이루어진다'라는 뜻으로 인내를 가지고 재능을 갈고닦으면 언젠가 성공을 이룰 수 있다는 의미입니다.

왕필의 주석본으로 대표되는 『도덕경』에는 제41장의 구절이 대기만성으로 적혀 있습니다. 그런데 그 이전에 쓰인 것으로 추정되는 백서본에는 대기면성(大器免成), 즉 '정말 큰 그릇은 완성되지 않는다'라고 적혀 있어 왕필이 옮겨적는 과정에서 잘못 기록한 것으로 보는 학자들이 있습니다. 하지만 『한비자』에서 『도덕경』의 대기만성이라는 구절을 인용하면서 대기만성 또한 역사적 의미를 갖게 되었습니다.

『도덕경』제41장의 구절은 면(免)과 만(晚), 단 한 글자 차이로 전혀 다른 풀이가 되는 것입니다. 그런데 같은 장의 앞뒤 문장 "정말 큰 사각형에는 모서리가 없다", "정말 큰 음은 소리가 없다"와 연관 지어 생각해 보면 대기만성이 아닌 대기면성으로 읽는 것이 적합합니다.

인생의 열린 결말을 꿈꾼다면 대기만성보다는, 대기면성이라는 말을 생각하시면 좋습니다.

자연은 가장 확실하면서도 불확실합니다. 예를 들어 계절이 오고 가는 것은 그 누구도 막을 수 없습니다. 누구든 여름이 지나면 가을이, 그리고 겨울이 오리라는 것을 압니다. 그런데 아무리 정확한 기상관측 시스템이 갖춰져 있다고 하더라도 마른하늘에 내리는 소나기는 예측할 수 없습니다. 정해진 듯 정해지지 않은 것이 자연의 이치입니다. 자연법칙을 따르는 삶도 마찬가지입니다. 확실한 것과 불확실한 것이 혼재되어 있지만 양쪽이 균형을 이루며 유연하게 흐르는 것입니다.

자, 이제 대기만성과 대기면성 중 하나를 선택해야 합니다. 이 문제는 '그릇의 완성'이라는 결말을 두고 확실한 미래와 불확실한 미래를 가르는 판단입니다. 그릇이 완성되면 크기가 크든 작든 더 이상 손볼 곳이 없습니다. 그저 그릇 표면에 그럴싸한 그림 한 폭정도 그릴 수 있을 뿐입니다. 열렬히 타오르던 여름도 절정에 다다르면 찬 기운에 밀려나고 맙니다. 이렇듯 온전한 그릇, 완연한 계절은 대기만성은 이루었지만, 대기면성은 아닙니다.

    삶의 결말은 열려있기 마련이고, 대기면성은 이를 나타냅니다. 삶에서 주어지는 과제들이 제 모양을 갖춰 나가도 '완성'으로 정의하지 않습니다. 끊임없이 그릇의 빈 곳을 찾아 진흙을 이겨 넣고 크기를 키워나가다 보면 어느새 인생은 무한한 가능성을 담은 큰 그릇이 되어 갈 겁니다. 비로소 대기면성을 이루는 것입니다.

    우리는 언제 누군가로부터 씌워진 것인지도 모르는 멍에를 짊어지고 자신이 만들 수 있는 그릇의 크기를 한정 짓습니다. 대기면성을 따르는 삶은 완성되지 않는, 즉 크기의 한계가 없는 그릇을 만들어가는 과정입니다. 그런 인생을 살아간다면 자신을 옭아매는 멍에를 벗어던질 수 있습니다.

삶은 덜어낼수록 더 단단해진다

초판 1쇄 발행 2025년 07월 23일

지은이 이길환
펴낸이 김상현

콘텐츠사업본부장 유재선
출판팀장 전수현　**책임편집** 심재헌　**편집** 주혜란　**디자인** 김예리 권성민
마케팅파트 이영섭 남소현 최문실 김선영 배성경
미디어파트 김예은 정선영 정영원
경영지원 이관행 김준하 안지선 김지우

펴낸곳 (주)필름
등록번호 제2019-000002호　**등록일자** 2019년 01월 08일
주소 서울시 영등포구 영등포로 150, 생각공장 당산 A1409
전화 070-4141-8210　**팩스** 070-7614-8226
이메일 book@feelmgroup.com

필름출판사 '우리의 이야기는 영화다'
우리는 작가의 문제와 색을 온전하게 담아낼 수 있는 방법을 고민하며 책을 펴내고 있습니다.
스쳐가는 일상을 기록하는 당신의 시선 그리고 시선 속 삶의 풍경을 책에 상영하고 싶습니다.

홈페이지 feelmgroup.com　**인스타그램** instagram.com/feelmbook

© 이길환, 2025

ISBN 979-11-93262-63-4 (03100)

- 이 책 내용의 일부 또는 전부를 재사용하려면 반드시 필름출판사의 동의를 얻어야 합니다.
- 책값은 뒤표지에 있습니다. 잘못 만들어진 책은 구입처에서 교환해 드립니다.